ニュートン新書

知覚と注意の心理学

ステファン・ファン・デル・スティッヘル＝著
清水寛之、井上智義＝監訳　藤井良江＝訳

誰でも注意がどんなものかは知っている。それは、同時に存在する複数の物体や一連の思考のうちの一つを、はっきりと鮮やかに心に捉えることだ。その本質は、意識を焦点化し、集中することにある。注意とは、何かを効率的に扱うためにそれ以外のものを手控える状態であり、混乱した放心状態や気が散っている状態とは対極をなすものである。

——ウィリアム・ジェームズ

目次

はじめに

1995年、27歳の警察官ケニー・コンリーは、ボストンで起きた銃撃事件の被疑者を追跡していた。同じく犯人を追跡していたほかの警察官らは、フェンスをよじ登ろうとしている男を見つけ、すぐに取り押さえた。かなり暴力的な逮捕劇となり、男は腎臓を損傷し、頭部にも重傷を負った。だが、それ以上に大きな問題が起きていた。逮捕された男は犯人ではなく、警察官とともに被疑者を追っていた潜入捜査官だったのだ。その後、過剰な武力行使の可能性について調査がなされ、コンリーは証人として喚問された。被疑者と間違われた捜査官が拘束されたとき、すでにコンリーは現場に到着しており、関与した警察官らを目撃しているはずだった。だが、コンリーは「格闘の現場は見ていない。ただ、逃げる被疑者を捕まえることだけに集中していた」と主張した。そのことばを陪審は信じなかった。コンリーの供述は、仲間をかばうためのものと判断された。偽証と司法妨害の罪に問われ、34カ月間の禁錮刑を宣告されたコンリーは、判決を不服として控訴し、その結果が出るまで収監を解かれた。7年に及ぶ法廷争いののち、コンリーはようやく無罪となり、60万ドルの損害賠償金を得た。

研究者らは、当初の判決に至った事件の状況を再現することにした。実験の参加者は、歩道上で犯人役を追いかけ、その間、犯人が自分の頭に何回触れたかを数えるよう指示された。参加者がその回数を伝えると、研究者はこう尋ねた。「あなたが犯人を追いかけている間、歩道から8m離れたところでケンカが起きていたのですが、それに気づきましたか?」。参加者の大半はそのケンカに気づいていなかった。まさに、ケニー・コンリーと同じように。

視覚という問題について深く掘り下げれば、実は人はまわりの視覚世界をほとんど心に留めていないとすぐにわかるだろう。わたしたちは詳細な情報を含む安定した一つの世界を見ていると思っているが、それは脳の視覚情報処理による錯覚にすぎないのだ。このことは、他者への情報の伝え方に大きく影響する。特に「アテンション・アーキテクト(注意喚起の設計者)」にとっては重要だ。

ウェブサイト・デザイナーや教師、交通工学の専門家、そしてもちろん広告業者のように、人の注意を引くことを仕事にしている人なら誰でもアテンション・アーキテクトの肩書きがつくだろう。そういう人たちは、単に視覚的メッセージを送るだけでは不十分だとわかっている。アテンション・アーキテクトは、メッセージが伝わるように注意を喚起しなければならない。つまり、何としても人の気を引かねばならないのだ。ウェブサイト・デザイナーはサイトの訪問者の関心を引くためにあらゆる策をろうし、マジシャンは客の気をそらせてだまし、映画監督は人の注意を操ってできるだけ映画にリアリティをもたせようとする。注意に影響を与えられる者は誰でも、情報を伝える力をもっている。裏を返せば、情報がまったく伝わらないようにすることもできるのだ。

本書を読んだ皆さんには、常にまわりで起きている、すさまじい注意関心の争奪戦にもっと気づいてもらえればと思っている。アテンション・アーキテクトは、あの手この手を使ってくる。繁華街のまんなかに動画を掲げ、ウェブサイト上にバナー広告を繰り返し出現させ、アイコンが点滅するコンピューター・プログラムを開発して、人の気を引こうとする。こうした行動は、人々の利益を目的とする場合もあれば、物を売りたいというアテンション・アーキテクト自身のためである場合もある。わたしたちはある程度は注意関心をコントロールできるので、彼らが気を引こうと仕掛けてくるものを努めて無視することはできる。だが、いつもうまくいくとは限らない。わたしたちは自己の注意のシステムの奴隷になっている場合が多く、本当に注意すべきことはほかにあるのに、気が散ってしまうこともある。だからこそ、注意がどう働くのかを正確に知っておくことが大事なのだ。

第1章

障壁って？　どの障壁？

――豊かな視覚世界という錯覚

２０１４年7月21日、オランダでは誠にめでたい出来事があった。国内でも最悪の交通事故多発地帯に数えられるクーン・トンネルが、大がかりな改修工事を経て再開通したのだ。トンネルの改修によって、このエリアの車の流れはスムーズになると期待されていた。改良点の一つは、交通量に応じて開閉可能な第二のトンネルができたことだ。この第二トンネルは、不要の際にははっきりと目視できる交通障壁によって閉鎖される。トンネル閉鎖中はドライバーがうっかり障壁に突っ込まないように、鮮やかな赤いバツ印の警告標識が次々と道路の上方に掲げられ、それはかなり遠くからでも見えるようになっていた。もし、あなたがクーン・トンネルまで車を走らせることがあったら、その障壁に気づかない人がいるなんてとても信じられないだろう。

ところがトンネルが再開通して1年も経たないうちに、バイクを運転していた63歳の男性が「第二トンネル閉鎖中」という警告に気づかず、障壁にまともに突っ込んで重傷を負った。実は改修後にこういった事故が相次いでおり、これで20件目だった。当局は、道路利用者に一段と強く注意を促そうと警告標識を増やし、矢印が点滅する車載型電光掲示板を用いたり、スチール製のセーフティコーンを設置したりした。加えて、交通障壁そのものにも点滅するＬＥＤライトを取りつけ、実際より大きく見えるようにした。だが、これらの警告もむなしく、ドライバーがアクセルを緩めもせず猛スピードで障壁に激突する事故は、あとを絶たなかったのだ。

もちろん、警告標識に目を留めるべき大事なタイミングでドライバーがカーラジオや携帯電話に気をとられていたという説明も成り立つが、すべての事故がそうだというわけではない。何といっても、交通障壁は遠くから見えるし、ドライバーはたいてい道路状況に注意するものだからだ。それに、あの不運なバイク事故の場合、バイクの乗り手が携帯のチェックやラジオのチューニングにかまけていたとはおよそ考えられない。だとすると、なぜ事態は改善されないのか？

森のなかを散策するとき、わたしたちは見渡す限りの樹木や緑のさまざまな色合いを楽しむものだ。目を開ければ、景色は魔法のように視覚に作用する。目はこの世界に通じる窓であり、開けるだけで世の中が見える。無意識のなせる業《わざ》だ。思わず、木の上のリスに目を留めたり、馬の足跡をたどったりしてしまう。わたしたちは、この目で見えるものが世の全貌であると信じている。それはどんなバーチャル環境よりも豊かで揺るぎない、はるかに優れたものだと思い込んでいるのだ。

だが実は、人は自分で思うほど周囲の状況を把握しているわけではない。たとえば、映画には数多くのミスがあるが、視聴者はたいてい気づかない。あるシーンでコート掛けに吊してあったジャケットが次のシーンでは消えていることに、気づく人はほとんどいない。あの有名な『スター・ウォーズ』には、こういったミスがいくつもあることはよく知られている。ある場所から別の場所に物が移動していたり、木や草が生い茂る背景が急に不毛の砂漠に変わっていたりする。そうした食い違いは、誰かに指摘されて初めて気づくものだ。だから、それを知ってしまうと、もう一度同じ映画を見たときに、そのシーンをまじまじと見直さずにはいられなくなる。もちろん、映画監督はこのようなミスをできる限り減らすべく最善を尽くしてはいるが、そもそも監督も映像編集者も、何としてもミスを見つけ出そうという気がないため、見逃されやすい。

評判の悪いあの「ゴリラ動画」は今ではあまりに有名なので、わたしは1年生の心理学の講義ではもう使っていないのだが、読者の皆さんの記憶をよみがえらせるために、ここで簡単に説明しよう。実験参加者に、二つのチームに分かれた学生らがバスケットボールをパスし合う動画を見てもらい、白いTシャツのチームが何回パスをしたかを数えてもらう。途中で、着ぐるみのゴリラが画面に入ってくる。ゴリラは両拳で胸を叩いてから、また画面の外に出ていく。この動画を初めて見た人の大半はゴリラに気づかない。わたしは最近、学生に再びこの実験をすることにしたが、彼らはあのおなじみの動画を見せられるのだろうと思い込んでいた。だから、この怠慢な教授に「あんな使い古されたトリックでだまそうとするなんて、いいかげんにしてくださいよ」と言ってやろうとばかりに、とりわけゴリラに注意していたのだ。

ところが、彼らは気づいてなかったのだが、わたしが見せたのは新しいバージョンの動画だった。ボールをパスし合う学生らのうしろに掛かっているカーテンの色が徐々に変化し、一人が急に画面から出ていくというものだ。結果はオリジナルの動画よりもずっと強烈だった。動画を見た学生のほとんどが、この二つの大きな変化に気づかなかったのだ。ひたすらゴリラの登場を待ち続けていたために、またも、してやられたのである。

人は視覚世界で目にするすべてを心に留めることはできないが、それを根拠に、人間の視覚系は無能で欠陥品だという主張がたびたびなされている。何しろ、画面上に現れたゴリラに気づけないのだから、とんでもなく無能に思われる。

しかし、わたしはこの主張には同意できない。視覚世界での大きな変化がたまに見逃されたとしても、実際にはたいして問題はないのではないか。わたしたちの脳は矛盾のない安定した世界にいるという前提のもとに働いており、それが普通だ。通常はカーテンの色が変化することもないし、物体が突然、場所を移動することもない。たとえそんなことがあったとして、それに気づかなくてもたいした問題ではないだろう。最も大事なのは、自分に関連する情報を集めることだ。それにこそ集中すべきなのだ。自分にとって無意味なものは、すべて無視してよい。受け取った視覚情報をくまなく処理しようとするシステムこそ、無能で厄介だ。得た情報をすべて処理する必要などまったくない。なるほど、ゴリラには気づかなかったと。だが、課題はパスの回数を数えることであって、ゴリラを探すことではない。そして、あなたはその課題をきちんとこなしたのだ。

進化における戦略では、少ないエネルギーしか使わない身体システムのほうが有利となる。効率よくするために、エネルギーがほかの器官では使われないこともある。視覚系もまさにそうだ。目の網膜は周囲のあらゆるものから光を受け取るが、処理されるのは自分に関連する情報だけだ。ゴリラの像は網膜に達するが、その情報は無視される。自分のニーズに合わないからだ。それでよいのだ。たとえば、あなたがスーパーマーケットを歩き回って、見るものすべての情報を処理しようとしたらどうなるだろう。あらゆる商品のブランドや価格がわかるだろうが、それではあまりに負荷がかかりすぎるだろう。

さて、ちょっと目を閉じて、今この本を読んでいる場所を頭に描いてほしい。どこまで詳細に、身のまわりの状況を描けるだろうか。おそらくそこはあなたにとってなじみ深いところだろうから、ある程度のことは具体的に記憶から呼び出せるかもしれない。しかし、あまりなじみのない場所だとしたら、提示できる情報はずいぶん少なくなるだろう。当然ながら、こう結論づけられる。わたしたちが外界に関してもてる内的な表象は、ごく限られたものにすぎない、と。視覚系には、情報をきわめて選択的に処理し、常に視覚世界にアクセスするというユニークな特徴がある。あらゆる視覚情報はいつでも利用可能であり、１００％アクセスできるのだ。目を開けさえすれば、情報はどっと流れ込んでくる。つまり、視覚世界は外づけハードディスクとして使えるということだ。外界にある一つひとつの詳細な情報を、内的世界に貯蔵しておく必要などない。すべての視覚情報は絶えず外界から得られるからだ。

外の視覚世界と効率的に関わるには、そのときの自分の位置情報を思い出せればそれで十分だ。たとえば、隣に座っている人のＴシャツの色を知りたければ、その人が自分に対してどの辺りに座っているかがわかっていればよい。そこに視線を向ければすぐにＴシャツの色はわかるだろう。かつて目にした場面の詳細を、すべて内部メモリに蓄積しておく必要はない。

次の場面を思い浮かべてほしい。あなたは友人と一緒に、通りの先にある喫茶店に向かって繁華街を歩いている。いたるところに人があふれ、辺りにはネオンサインが輝いている。そのとき、視覚世界における特定の物事のみが、あなたにとって意味のあるものになっている。つまりその先にある喫茶店と隣を歩く友人だけだ。あなたは動いているので、すべての視覚情報はあなたの位置に応じて動く。あなたは目でまわりの視覚世界にアクセスし、自分に関わる情報のありかにだけ注目する。ゴリラが通りの向こうからやってくるかもしれないし、人々はさまざまなTシャツを着ているかもしれないが、あなたはそんなことには気づかないだろう。だが、もし喫茶店が突然消えたり、友人が走り去ったり、ゴリラがうなり声を上げたりすれば気づくだろう。その情報は自分に関係するからだ。それ以外のものは、すべて無視できる。

人は豊かな視覚世界を享受しているという錯覚の原因は、視覚系のこういう特性にある。実は、人は自分が何を見逃しているかを知らない。また、自分が何を知らないかはちゃんとわかっていると思っている。もし、誰かに「君が友だちと通りを歩いている間に衣料品店は全部、いきなり靴屋に変わったんだよ」と言われたとしても、あなたは信じないだろう（「ゴリラ動画」で今さらだまそうとするなんて信じられない、と思った学生たちと同じように）。だが、ほとんどの場合、こうした変化や見落としがちな物事は指摘されない。街灯にぶつかったり、交通障壁に突っ込んだりして初めて、自分はいかに周囲の情報を捉えていないかということを実感するものだ。

豊かな視覚世界という錯覚を維持するには、人がそれをどのようにモニターしているかが鍵になる。たとえば、冷蔵庫のライトのことを考えてほしい。冷蔵庫を開ければ必ずライトは点《つ》いているが、閉めたときにライトが消えるかどうかは絶対に確認できない。もう一度開けたらライトは必ず点いているということを、確認できるだけだ。視覚世界も同じようなしくみだ。自分の知覚の豊かさを確認したければ、ある特定のものに集中し、それを存分に体感すればよい。だが、そうしている間にも、周囲の環境はがらりと変わることもある。あなたが気づきもしないうちに。そこで、別の場所や物に焦点を移せば、再び豊かで独特の経験などが得られる。森のなかを散策しているとき、わたしたちは知覚の豊かさに気づいているが、目にする木の一本一本を完全に知り尽くすことは絶対にできない。

　喫茶店の例に戻ると、通りの向こうからのっそりと歩いてくるゴリラに気づかないなんてありえない、とあなたは思うだろう。人は有能な視覚系を備えているかもしれないが、進化論的な意味では、ゴリラに気づく能力があれば非常に便利でもある。道の中央にいるゴリラは少々危険なので、喫茶店に行くことなんてたちまちどうでもよくなるだろう。同じことは、車が猛スピードで自分に向かってくるのを見たときにもいえる。次章で示していくが、人が無意識に視覚情報を捉える状況はさまざまだ。その情報は、現在、没頭している課題とは無関係かもしれないが、危機回避能力にはとても深く関わるものかもしれない。ありがたいことに、特定の課題の情報に集中しているときでも、視覚系は危機回避などの情報をそこに「割り込ませる」ことができる。とはいえ、たとえゴリラが通りを歩いてきても、うなり声を上げたり両手を振り回したりしない限り、おそらくあなたは気づかないだろう。悪名高いあの動画の場合と同じだ。

あるときのある情景についてしばしば詳細を思い出せないという原則にも、もちろん例外はある。たとえば、スティーヴン・ウィルシャーという人物の例だ。彼は都市のパノラマ図をきわめて詳細に描くことができる。たとえ、その都市の上空をヘリコプターでたった一度しか飛んだことがなくてもだ。「人間カメラ」として知られるウィルシャーはサヴァン症候群、つまり、ある特殊な領域で並外れた認知能力を示す人物だ。こうした人たちはおおむね、自閉症もしくは知的障害を伴っているが、ある種の課題遂行については非常にすばらしい能力を発揮する。ウィルシャーの場合、９歳になるまできちんと話せなかったが、７歳の時点できわめて精緻なビルの絵を描くことができた。彼の記憶力は驚異的だが、その能力は、言語能力などのほかの能力を犠牲にして成り立っているようだ。ウィルシャーのような人たちの脳に何が起こっているのかは、まだ正確にはわからない。有名な科学者で自身も自閉症であるテンプル・グランディンによれば、自閉症の人の多くは、ことばではなくイメージでものを考えるという。スティーヴン・ウィルシャーの並外れた視覚能力は、この説である程度説明できるかもしれない。

知覚がどんなに選択的に働いているとしても、わたしたちは日々、大量の視覚情報にさらされている。列車の時刻や本日の特価品、スポーツ試合の結果速報が、いたるところで画面に映し出される。携帯電話にもコンピューターにも画面がついている。情報伝達に関しては、視覚系は何より重要な知覚ツールだ。たとえば、道路工事についての情報を公開する場合、たいていは視覚情報が用いられる。聴覚を通して道路閉鎖の情報を伝えたいなら(最近の自動車は防音がしっかりしているので、これはほとんどありえないことだが)、口頭での伝達が必要になる。同じ情報を伝えるにしても、口頭より視覚シンボルで目に訴えるほうがずっと早い。視覚系なら瞬く間に情報を処理できるからだ。1～2秒間、詳細な情報を含む写真を見せられた人は、そののち、かなり正確にその画像について説明することができるだろう。

情報をすばやく処理するこの能力は、１９７０年代にメアリー・ポッターが行った実験ではっきりと証明された。ポッターが興味をもったのは、ある一つのシーンにおける情報を人がどのくらいの速さで処理できるかということだ。実験参加者はあるシーンを文字で説明したものを渡され（たとえば「道路を行き交う車」など）、その後、次々と提示される一連の画像のなかから該当するシーンを見つけるよう求められた。また、文字で説明されたのと一致するシーンを認めたら、すぐにボタンを押すよう指示された。そのシーンに関わる視覚情報（車の色や道路の配置）はいっさい知らされなかった。１秒間に八つのシーンを見せられた場合、文字で説明されたシーンを見つける成功率は60％だった。１秒間に八つのシーンというと、画像一つあたりの時間は１２５ミリ秒ということになる。実験参加者はこのきわめて短い時間に、それぞれのシーンの視覚情報をすべて処理しなければならなかった。別の実験参加者グループは、実験後にどんなシーンを見せられたかを説明すればよかったのだが、当然ながら細部にわたって説明できたのはわずか11％だった。どんなシーンを見たかを話すことはできても、内容について具体的な情報を示すことはできなかったのだ。

外界で見えるものすべてを完全に記憶するのは不可能かもしれないが、メアリー・ポッターの実験は、人は文字どおり瞬《まばた》きをするその一瞬で、あるシーンの全体像を把握することができると示している。このことは、一見、矛盾しているように思えるが、そもそも「見ること」とはいったい何を意味しているのかを明らかにすれば、うまく説明できるはずだ。網膜に投射される視覚情報はすべて、脳によって記録される。その情報とはまわりの世界をつくる色や形などで、一次視覚野で処理される。だが、この段階ではまだ個々の物体を識別することはできない。「見ること」とは、網膜に光として投射されるあらゆるものの特徴を記述することなのだ。わたしたちは多くの物を「見る」かもしれないが、そこではその正体がどうにかわかる程度のわずかな情報処理しかなされない。ある物体が木か、それとも緑色のビルかという識別には、より詳細な処理とその物体ならではの情報の入手が必要だ。これについては第3章で詳述するが、今のところは以下の説明で十分だろう。豊かな視覚世界という錯覚は色や形とはあまり関係はなく、特定の物体がまさに何なのかという知識に深く関係する。

「見ること」を網膜で情報を捉えることだと定義するなら、わたしたちは自動的に物を「見て」おり、「見ること」にはそれ以上何の処理も必要ないという話になる。

クーン・トンネルの交通障壁の話に戻ろう。あの不運なバイクの乗り手がトンネルに近づいていたとき、交通障壁についての視覚情報が彼の網膜に達していたのは間違いない。その色と形は一次視覚野で処理されていたはずだ。だから、乗り手はそれを「見て」いた。だが、障壁を障壁だと認識できなかった。認識するためには、障壁についての情報をより深いレベルで処理すべきだったのだが、そうはならなかった。同じことがあのゴリラにもいえる。あの動画では誰もがゴリラを「見て」いるが、ボールのパスを数えることで頭がいっぱいなので、ゴリラをゴリラとして識別できるほど徹底してその視覚情報を処理しないのだ。

これは、ごく短時間で見せられるシーンを同定する能力にもいえることだ。短時間で視覚情報を処理するために、人はほぼ一瞬で捉えることのできる基本的な情報を利用する。その情報は、あるシーンの「要点」（必要最低限の内容）を教えてくれるが、そのシーンでのそれぞれの要素を人に認識させるほどの余力はない。だから、人は詳細については表現できないものの、前もって記述されたシーンなら同定することができるのだ。

交通標識のような視覚的メッセージを送りたいなら、即座に伝わるのはどんな情報かを知ることが大切だ。自転車で町を走っていると、工事中の道路についてわかりにくい指示がいっぱい書かれた、数々の黄色い標識があるのに驚く。視覚情報にはすばやい伝達力があるが、限界もある。一瞬では全文を処理しきれない。その点、視覚シンボルはずっと効果的だ。もちろん、あらゆる情報に対応する視覚シンボルを考案するのは不可能だが、道路が複雑な標識だらけになったら、それはメッセージの送り手にも、受け手つまり道路利用者にも、不利益なのは間違いない。

対象となる人に関連情報が届いてこそ、情報伝達は成功といえる。どんなに印象的な宣伝広告でも、見た人に意図されたメッセージ（たとえば、商品名）を思い出してもらえないなら、その広告は使い物にならず、立案者は目標の達成に失敗したことになるだろう。広告クリエイターには、実は二つの達成すべき課題がある。広告が人の目に留まるようにすることと、関連情報を伝えることだ。人々に情報を伝えようと、思いつく限りの戦略がとられる現代社会では、特に重要である。ジェット戦闘機のパイロットは機体に関する多くの情報にアクセスできるが、最も重要なのは、エンジン故障などの問題が起きたとき、いち早くそこに注目できることだ。道路が標識だらけの場合、そのなかの一つが非常に重要な情報を伝えているとしても、効果は望めない。その情報が適切に伝えられ、ただ目に入るだけでなく確実に識別されるレベルで処理されるかどうかは、アテンション・アーキテクトの腕にかかっている。

情報を伝える際にアテンション・アーキテクトがもう一つ考えねばならないのは、人は皆、それぞれ違うということだ。最近の人は長寿になり、多くの高齢者が昨今の情報伝達のスピードについていくのは難しいと感じている。現代の若者にとってスマートフォンは完璧なツールかもしれないが、彼らもやがて年を取り（おそらく、現代よりももっと長寿になり）、もっとゆるやかな情報伝達の方法が必要になるだろう。高齢者には、いつまでもわが家で自立した生活を促すというのが今の流れなので、彼らのニーズに合わせて情報伝達の方法も調整する必要がある。たとえば、スマートフォンの仕様などだ。

現在では、画面つきの機器はかつてないほど広く使われており、メーカーはさらに使い勝手をよくしようとしている。だが、考慮すべきは使い勝手だけではないとする企業もある。機器の使用は、それ自体が「体験」でなくてはならない。使いやすさだけでなく、使うことによる心地よさも大事だ。それは、おしゃれな色合いや最新の設計技術にかかっている。しかし、使い勝手のよさと見映えのよいデザインは必ずしも相性がよいわけではない。この両面を兼ね備え、どんな世代にも適した機器を考案する能力があってこそ、本当に成功するデザイナーといえる。

さて、ここでちょっと質問。ここまであなたは一度も本を置くことなく読み続けてきたか、それともどこかで中断してメールをチェックしたか、どちらだろう？　情報をもたらしてくれる機器の画面を、絶えず確認せずにはいられないという人は多い。新たな情報を求めて、携帯電話やタブレット、コンピューターをチェックするのだ。わたしの場合、たいていは特に新しい情報はないのだが、5分後にはどうしてもまたチェックしてしまう。目の前の仕事に集中しなくてはと電源を切ると、ちょっと不安になるほどだ。むしろ、メールの着信を知らせる画面表示に邪魔されるのを望んでいるふしもある。気づかないうちに、メールボックスに新しいメールが入っているといけないからだ。幸い、わたしの症状はまだ軽いほうだが、この新種の依存症にメディアはすでに名前をつけている。「情報肥満（Infobesity）[*1]」だ。実際のところ、最近ではこの用語が一種の臨床疾患を指すことも多くなってきている。この用語を生んだのは、若者の動向の把握に努める、ある企業が採用した「トレンドチーム」だ。疾患に分類されうるのかどうかという疑問はあるものの（このテーマについての科学文献はほとんどない）、最近、睡眠不足に絡む問題で医師の治療を受ける十代の若者が増えているのは事実だ。

睡眠不足の一因は、画面に表示される情報への飽くなき欲求だ。それが集中力を阻むのも無理はない。わたしだって身のまわりのわずらわしい情報源をすべて遮断していたら、この本をもっと早く書き上げていただろうが、そうはいかなかった。夜に仕事をしたがる人が多いのにも、理由がある。夜間は新情報が出回る率が少ないと考えられてい

＊1　information（情報）とobesity（肥満）の合成語。

るので、邪魔が入る心配をせずに仕事に専念しやすいからだ。どういうわけか、わたしたちは情報の蛇口を自分で閉めることができない。たいていは「見逃す恐れ」のせい、つまり、特にソーシャルネットワークでつながっている人たちからの新情報を見逃すことを恐れるせいだ。この現象に悩むのは年長者よりも若者である理由は、わからなくもない。若い世代のほうが、はるかにソーシャルメディアを重要視しているからだ。

これまでの科学的な調査によれば、若者はほぼ四六時中、マルチメディアを利用している。18歳では平均して、1日に合計20時間もさまざまなメディアに触れている。もちろん、この結果は同時に複数のメディアを利用しているからにほかならない。特に興味深いのは、使用するメディアの大半が視覚に訴えるものだという調査結果だ。確かに、わたしたちは何かと視覚的なものを好む。対話に頼る機能は、視覚的な機能にとって代わられてきた。ボイスメールは早々に過去のものとなった。理由は時間がかかりすぎるからで、一つの画面から別の画面へとメッセージを読み飛ばすほうが好まれるからだ。電話は徐々に使われなくなり、他者との交流は声を介してだけでなく、画面上で行われることが増えた。もし、電子メールや「WhatsApp」が音声対話に頼るツールであったら、ここまで普及することはなかっただろう。

画面は情報伝達の効率がきわめてよいので、今やいたるところで見られる。その結果、いかに人の注意を引くかという壮絶な戦いが起きている。すでに証明されているとおり、限られた視覚情報をちらっと目にするだけでも、情報は得られる。人は一瞬で、周囲に渦巻くあらゆる情報から最も自分に関係のある視覚情報のかけらを選ぶ。それから、その情報のかけらをしっかりと処理して、それが何ものかを確認するのだ。その他の情報はすべてせわしなく点滅しながら消えていき、もう一度よく見ようとしない限り、意味をもつことはない。

人間の視覚情報の処理能力には限界があるという知見は、ロボットなどの人工的なシステム開発の参考になる。ロボットがいずれ人間社会で担うだろう役割については、多くの議論が交わされている。知性という点ではまだ人間には及ばないものの、ロボットはまもなく単純作業の多くを引き受けると期待されている。その一例が、人手を使わずに、リビングルームやオフィスを掃除するお掃除ロボットだ。遠い将来、ロボットは完全に自動であちこち移動できるようになるだろう。グーグルの自動運転車は、この将来が実は近いかもしれないと思わせる好例だ。二人の人間が乗る必要はあるものの、グーグルの自動運転車はすでにネバダ州で認められている。一人は不測の事態が生じたときに車を制御し、もう一人はパソコンで車の動作をモニターする。2015年6月時点で、こうした自動運転車が絡んだ事故は23件となっているが、いずれの場合も原因は人間にあり、ロボットのエラーによるものではなかった。グーグルの車のドライバー、もしくは別の車のドライバーのどちらかに非があったのだ。

もし、あなたがロボットを設計することになったら、人間の有能な視覚系から発想を得るのがよいだろう。いかなるときも、人は非常に限られた視覚情報を識別可能なレベルで処理している。その時点で自分に最も関係のあるものが、まず選択される。車の運転中なら、自分に最も関係あるのは公道での走行に直接関わる事柄だ。それ以外はすべて無視してもよい。そのさなかに突然、差し迫った危険を警告する情報が現れるかもしれない。たとえば、子どもが道路へ飛び出そうとしている、とか。あなたはこれまでに何回、道路を走って渡ろうとする子どもを目の端に捉えて急ブレーキを踏んだことがあるだろうか。いかに運転に集中していたとしても、その瞬間、脳は起こりうる危険を察知し、人は自動的に反応する。これについては、のちほど詳述しよう。

同様に、有能なロボットなら不必要な予測に時間を浪費せず、重要かもしれないあらゆる情報に気づきながらも、課題遂行に関係のある視覚情報のみを処理するだろう。ロボットのカメラに捉えられたその他の情報はすべて無視され、処理の必要なしとされる。無限の課題を同程度にうまく処理できるロボットの登場は、まだまだ先のことだろうが、その道は確実に開かれ、ロボットは運転を誘導しながら特定の課題に集中することができるだろう。さらに幸いなことには、おそらくグーグルの自動運転車は電子メールや「WhatsApp」の着信に気をとられることはないので、常に好奇心旺盛な人間よりもはるかに安全である可能性は高い。グーグルの自動運転車がはるか前方に現れる交通障壁をきちんと捉えてくれるなら、わたしたちはゆったり座って心ゆくまでメールをチェックすることができるだろう。その間、ロボットは設定された任務を遂行するのだ。

人間の知覚は、特定の視覚情報を選択してさらに処理するという、効率的なシステムによる産物だ。この原則は現実世界のみならず、バーチャルリアリティ・ヘッドセットの装着時に体感するバーチャル世界にも当てはまる。自分に関係する情報がいつでも深いレベルで処理できさえすれば、バーチャル環境にあっても目にするすべての詳しい情報はいらないはずだ。ということは、求められる処理能力は大幅に削減できる。その処理能力の量が、現在のバーチャル環境の発展を阻む大きな障害の一つなのだ。

バーチャルリアリティはこれまでずっと見果てぬ夢のようなものだったが、この数年で著しい発展を遂げ、今や大きな期待を背負っている。フェイスブック（現Meta）やソニー、バルブ・コーポレーションといった多くの大手テクノロジー企業は、バーチャル環境を体験できる比較的安価で軽量のヘッドセットをつくり始めた。その一例がフェイスブックの「オキュラス・リフト（Oculus Rift）」というヘッドセットで、多くのユーザーから好評を得た。比較的安価で、重さは450g以下、視野角は100度だ。解像度は低く、人間と同程度の視野角しかないが、それでも旧モデルからすれば大きく改善された。旧モデルはただでさえとても重いうえに、利用者に不快感を与えることも多かった。この問題は、長らくバーチャルリアリティ・システム発展の足かせになっていた。システムの時間分解能（1秒間あたりのフレーム数）が低いと人に不快感を催させるのだが、現在では、より高速のグラフィックカード[*2]が使えるようになったことで、この問題は解決されている。さらに、スマートフォンをバーチャルリアリティ・ヘッドセットにしてしまおうという「グーグル・カードボード（Google Cardboard）」のようなものも登場している。

バーチャルリアリティがもたらす可能性は、ほぼ無限だ。すでに、第３度熱傷の治療などの外科治療における痛みの緩和に使われており、患者を雪や氷に囲まれたバーチャル環境に置くと、モルヒネと同等の鎮痛効果が見られる。また、バーチャルリアリティは、トラウマを抱えた兵士にまったく危険のない戦闘状態を再体験させることができる。その利用は教育にまで及ぶ。想像してほしい。アインシュタイン自身による相対性理論の講義に出席できるのだ。

今のところ、このシステムをつくるメーカーは、一つのシーンの視覚的詳細のレベルを最大限に高めることで、できるだけ完璧なバーチャル画像をつくろうと努力してい

＊２　ディスプレイモニターに映像を映し出すためのチップ（ＧＰＵ）が搭載されたボード。

る。詳細な画像をつくるには、ヘッドセットを制御するコンピューターに非常にハイレベルな処理能力が求められるのだが、実は人はそこまでの詳細を必要としない。さらに言えば、人間は網膜にある中心窩《ちゅうしんか》という非常に小さい部分でしか、はっきりと焦点を合わせられない。まっすぐ前を見たまま、周辺視野にどういうものがあるか把握してみてほしい。無理だろう。高性能のシステムに求められるのは、利用者の視線が実際に向けられる箇所の詳しい視覚情報の提供だけだ。のちほど考察するが、その特別な箇所とは通常、見る人に関係する情報のありかだ。

いわゆる「注視に随伴した多重解像度ディスプレイ」の働きがこれにあたる。それは、利用者が見ている箇所の情報だけを高い視覚解像度をもって提供するバーチャルリアリティ・ヘッドセットだ。見ている箇所以外の情報の解像度は低い。バーチャルリアリティ・ヘッドセット利用者の視線の動きをモニターすることで、このシステムは成り立っている。この機能はまもなく、今後のすべてのオキュラス・リフトの標準仕様になるだろうといわれている。開発者たちが、利用者が見ているものやそれに基づいてつくり上げる映像の調整のみに力を傾注したら、バーチャルリアリティ・システムに残る問題の多くは解決可能になるだろう。もう、過剰な情報を細部にわたって表示する必要はないのだ。結果として、80％ものエネルギーが節約できる。このエネルギー節約は、バッテリー寿命を延ばすことにもつながる。バッテリー寿命が延びれば、たとえば、自動運転車に乗りながらバーチャル世界を体験したいときなどには助かるだろう。

たとえ視覚世界のすべてを捉えきれなくても、どんな情報が受け取れそうかを予測することは、いかなる状況下でもできる。それでも、アテンション・アーキテクトが情報を伝える方法には限りがある。幹線道路に交通障壁を置くというのは、それがいかに目を引くものであれ、決してよい考えではない。すべては予想の問題なのだ。人は幹線道路上に障壁があるなんて予想もしない。だから、ドライバーにきちんと警告を出すのはきわめて難しいのだ。だいたいにおいて、人は自分が予想したものを見るようにできている。それがいかに目立つものであっても、予想と一致しなければ見落とす可能性が高いのだ。交通障壁に気づかせようと工夫するくらいなら、その時間やエネルギーをもっと優れたトンネル建設に注ぐほうがよいかもしれない。

第2章

消防車は赤色じゃないとだめ？

――何かを目立たせるにはどうすればよいのか

ラドブローク・グローブ駅は西ロンドンにあり、パディントン駅とイングランド西部や南ウェールズをつなぐ重要なグレート・ウェスタン本線上にある。１９９９年10月５日、ある列車が午前8時にパディントン駅を出発した。ラドブローク・グローブ駅に着く手前で、列車は間違った路線に入ってしまわないように赤信号で停車することになっていた。だが、あろうことか、運転手はブレーキもかけずにフルスピードで進行し、対向列車と正面衝突したのだ。対向列車のディーゼル燃料タンクは爆発し、炎は双方の客車数台を焼き尽くした。犠牲者は死者31名、負傷者５２０名だった。

この悲劇は、いかにも前章のクーン・トンネルの交通障壁の話に酷似しているように見える。どちらの場合も視覚信号の見落としが関係している。だが、両者はまったく異なるケースだ。クーン・トンネルの場合、障壁は予想外の要素であり、幹線道路のまんなかに交通障壁があるとは予測できないことが問題の根本原因だった。しかし、列車事故の赤信号についてはこの原因は当てはまらない。何と言っても、列車の運転士の最重要任務の一つは信号を正しく判断することなのだから。

気の毒なことに、31歳の運転士は事故で亡くなり、この悲劇の原因は完全には解明されなかった。それでも、運転士が信号を誤って判断し、安全に運行できると思い込んだのが事故原因と考えられた。しかし、いったい彼はなぜそんなミスを犯したのか。信号機は隣接するほかの四つの路線の信号とともにレールの真上に一直線に掲げられ、彼が運行する路線の信号機はその左端にあった。当時、それらの信号はすべて赤だった。つまり、運転士の信号の見間違いではとうてい起こり得ない事故だったのだ。

運転士に致命的な判断ミスをさせた、何か別の原因があったはずだ。一つの可能性として、信号の見え方の問題が考えられる。10月のその日は晴れ渡ったよい天気で、太陽は運転士の背後から明るく照りつけていた。信号の光はいつもとまったく同じだったが、明るい陽射しのせいで信号が本当に赤か否かの判断が難しくなった可能性はある。とてもよく晴れた日は自動車のヘッドライトが点いているかどうかはっきりわからない、というのは誰もが経験することだ。薄暗い日に比べて陽がさんさんと降り注ぐ日は、何であれ明暗のコントラストはわかりにくいものだ。

さらに状況を複雑にするのは、信号機そのものの構造だ。信号機には赤色と黄色のライトが埋め込まれており、赤色が点くと黄色は消える。しかし、ちょうど列車の背後から射していた10月の低角度の太陽光が黄色のライトに強く反射し、実際に点いているのが赤色か黄色かをわかりにくくさせたのかもしれない。もしそうなら、おそらく黄色の反射光は赤信号の光と同じくらいはっきりしていただろう。さらに、レールの上方に掲げられた変圧器も信号を見えにくくさせた。

ちなみに、列車がある地点の赤信号を無視して走行する事故は、これが初めてではなかった。この死亡事故の６年前に、ＳＮ１０９という信号機において、運転士が止まるべき時点を間違えるという事例が８件もあったのだ。鉄道会社はそれらの事例を承知していたが、状況を改善する適切な措置を講じなかった。この危険きわまりない信号機について適切な指導や訓練が行われていれば、あの事故も防げたかもしれない。不運な運転士はちょうど13日前に訓練を終えたばかりだったが、見逃されがちな信号についての指導はなかった。

赤信号がはっきり見える日もあれば、よく見えない日もあるというのは、光源そのものとは無関係で、むしろ、光源がどこにあるかに関係がある。ある状況下で「見える」対象は、別の状況下では必ずしも「見える」とは限らない。「見える」ということばには

現在、多くのウェブサイトで、薄い灰色の背景に、
濃い灰色で文字を書くやり方が流行している。

図2.1　文字と背景とのコントラストの度合いは文字の見え方に影響する。

もう少し説明が必要だ。わたしたちは目を使って身のまわりの対象の詳細を探る。目を動かす際は、網膜の中心（中心窩《か》）に対象の焦点を合わせる。中心窩は、目のなかで最も高感度の部分だ。とはいえ、視線を向けられた対象すべてが実際に見えるというわけではない。契約書の末尾にある小さい文字は、どうがんばっても読みにくいことが多い。詳細情報は見える程度には大きくすべきだ。たとえば、この本の文字だって、ある程度離して見れば判別しにくくなるだろう。

　背景とのコントラストも対象の見え方には重要な役割を果たす。図２・１のテキストが読みやすいかどうかは一目瞭然だ。

　このテキストの表示は枠に見えるかもしれないが、白い背景に黒の文字を使う場合に比べて、文字と背景のコントラストはずっと弱い。文字や赤信号のような対象とその背景とのコントラストが強くなればなるほど、対象は見えやすくなる。

オランダで人気のテレビガイド雑誌が2008年にデザイン変更を決めたとき、購読者から「番組表が読めない」という不満が殺到した。フォントサイズはより小さくなり、情報（チャンネルや録画コード）は灰色がかった色合いで印刷された。かなり淡い色の文字もあるので、白い背景とのコントラストは限りなく弱い。特に高齢者は新しいデザインに不満だったので、ほどなく制作側も元の体裁に戻すのが最良だと判断した。

目に見えるものは必ずしも目立っているわけではない。目立つものは単に見えるだけでなく、まわりのものから即座に識別できる。たとえば、本のなかの文字は十分目立っており（ページのなかではという意味で）、はっきり見えるが、一つの文字が際立っているわけではない。同じページにほかの文字が何百とあるのだから。だが、本の白いページのまんなかに一つだけ文字が印刷されていれば、とても目立つ。

軍隊では迷彩服を利用して、緑色の樹木に囲まれた場所で兵士が目立たないようにしている。しかし、最近では都市環境や砂漠地帯で起きる戦闘が多くなったため、標準的な軍服はもはや緑色ではなく、灰色がかった迷彩服となっている。砂漠での戦闘で緑色の迷彩服を着ていては、目視されるだけでなく、服の緑と砂漠の色との差によってひどく目立つのだ。理想的な軍服とは、環境に合わせてカメレオンさながらに自動的に色が変わる服だろう。ある対象が「見える」とされるか「目立つ」とされるかには、ほかにも多くの要因があり、たとえば背景とのコントラストの具合や対象を照らす光量などに左右される。ラドブローク・グローブ駅での死亡事故の場合、太陽が信号機の黄色のライトに反射したことで信号が赤色か否かの判別が難しくなり、あの悲劇につながったという可能性はきわめて高い。

対象をすばやく識別させたいのなら、より見えやすく「かつ」目立つようにすることだ。子どもは小さい頃から、消防車は赤色だと教えられている。実際、赤いものの名前を挙げるよう言われると、「消防車」が一番にくる率は高い。しかし、本当に赤色は消防車に最適な色なのだろうか。緊急の現場に向かう消防車に危険はつきものだとはいえ、こうした緊急車両が関係する交通事故件数は依然としてかなり多い。初めて消防車が登場した頃は赤い車はそんなに多数走り回っていなかったが、最近では様子が変わっている。今では赤い車は非常に一般的なので、消防車は以前ほど目立たない。もちろん、サイレンや点滅灯など、ほかの方法でも消防車の存在を知らせ、道路利用者に注意を促すこともできる。また、黄色い反射板や青と白のストライプ柄をつけるなど、巧みに工夫したものも普及している。

さらに抜本的な策として、消防車をまったく違う色にしてしまうという選択肢もある。このような変更をする場合は、人々にできるだけ早く新しい見た目に慣れてもらえるよう、相当に効果的な啓発活動が必要となる。アメリカではすでに多くの州がこの取り組みに乗り出している。その消防車の色は、公道ではあまり見かけないレモンイエローだ。1997年、テキサス州ダラスの消防署は赤い消防車と黄色の消防車の両方を採用し、それぞれが関係した交通事故件数を調査した。さて、結果はいかに。レモンイエローの消防車が関係した事故件数は、赤い消防車の件数よりずっと少なかった。鮮やかな黄色はより人目を引き、他車の運転手はレモンイエローの消防車が現れるとすばやく反応していたのだ。

オランダでは救急車も黄色(色見本RAL 1016)で、アメリカの多くの新しい消防車ととてもよく似た色をしている。とにかく、救急車にとって非常に大事なのは雑踏のなかで目立つことだからだ。一般人は救急車に酷似した色の車に乗ることを禁じられている。オランダでは先頃、いわゆる救急車と見かけが酷似しているとの理由で、動物用救急車は色を変えなければ重い罰金を科すと迫られた。また、２０１２年、オランダの裁判所は、警察車両に使われているものと似すぎているとの理由で、ある警備会社の車両のストライプ柄を消すようにとの命令を下した。色の組み合わせは警察のものとは違っていたが、裁判所の判決では、ストライプの幅や向き、その背景となる白色が警察車両と混同しやすいとされた。おもしろいことに、その訴訟の最中に警察のスポークスマンが、警備会社に対して、ストライプの代わりにヒマワリの花を描いたらどうかと提案した。彼は単に助け船を出そうとしただけだろうが、ヒマワリでは警備会社の力強いイメージにはなかなか合いそうもなかった。

重要な情報を目立たせることで、交通事故を減らすという例はほかにもたくさんある。その一つが「第三のブレーキランプ」と呼ばれるものだ。車のリアウインドウの目線の高さにつけられるブレーキランプである。

オランダでは２０００年以降、このブレーキランプの取りつけが義務になっている。第三のブレーキランプは通常の二つのブレーキランプに比べて高いところにあるので、より見えやすい。運転手はすぐ前の車だけでなく、ほかの車のブレーキランプにも気づくことができる。アメリカでは、第三のブレーキランプによって交通事故件数が毎年およそ20万件減少していると見積もられている。

トンネル建設においても、人の知覚の限界は重視すべき事柄だ。日中は、ドライバーはトンネルに入ると暗いと感じる。明るさという点では、太陽光とトンネル内の照明では非常に大きな差がある。澄み切った晴れの日には、わたしたちの視覚系は太陽の明るい光に応じるよう調整され、トンネルの暗さに順応するまでに少しだけ時間がかかる。その少しの時間が決定的要因になりかねない。同様の問題は、トンネルの反対側に着いたときにも現れる。もちろん、トンネル内の照明は調整されており、入口と出口の照明は通常、中央部分の照明よりも明るい。これは変化をゆるやかにし、状況変化に順応する時間を視覚系に与えるためである。

いったん、赤い消防車の話に戻ろう。赤色の使用は色覚異常の人を困らせるかもしれない。色覚異常は男性に多く見られる。色の正確な識別に困難を感じるのは、女性の割合は250人に1人に対して、男性は12人に1人だ。人間は、錐体《すいたい》細胞として知られる網膜の3種類の視細胞によって色を感知している。通常、色覚異常はこの3種類の錐体細胞の一つ以上が正常に機能しないことで起こる。最も多いのは赤緑《せきりょく》色覚異常で、赤と緑の識別が困難になる。つまり、色だけでは赤い消防車と緑の園芸会社の車を見分けるのがとても難しい人がいるということだ。

色覚異常は疾患としては分類されていないが、当事者にとってはきわめて不自由なことだろう。超大作映画などでおなじみの、時限爆弾を解除しなければならない場面では、ヒーローはイヤホン越しに「緑のケーブルには触れるな。赤を切れ」と指示される。われらのヒーローが赤緑色覚異常でないことを祈るばかりだ。日常の世界、たとえば、電気技師の日々の業務にも色覚異常は影響を及ぼす。かつての電線の色分けでは、緑色と赤色が相線と中性線に使われていた。現在では、色覚異常によって起こりかねない問題をなくすために、これらの配線には茶色と青色が使われている。同じ理由で、もう一つの重要な電線である接地線には2種類の色がつけられている。そのため、たとえ何色であるかがわからなくても、ほかの電線との区別はできるのだ。ほかの電線にこれと同じような2色使いをすることは禁じられている。[*1]

交通信号機もまた、赤と緑を採用している。だが、赤緑色覚異常の人もたいていは何の問題もなく、「止まれ」と「進め」のタイミングを把握している。これは、信号機が二重符号化という現象を利用しているためだ。信号のライトは色だけではなく、その位置によっても判断できる。赤は常に上側で、緑は常に下側だ。ベルギーでは、完全に迷いを払拭できるであろう、あるしくみが考案された。信号の赤色をすみれ色に近くし、緑色をやや青みがかった色にしたのだ。ここで、あなたはラドブローク・グローブ駅の事故は、もしかしたら色覚異常のせいではないかと思ったかもしれない。答えは「ノー」だ。なぜなら列車の運転士は全員、パイロットや自動車教習所の教官、サッカーの審判員と同じく、色覚異常の検査を受けているからだ。

色覚異常の人を手助けするという意味では、二重符号化だけが唯一の有効な手段ではない。テレビが白黒だった時代では、サッカーチームのユニフォームは互いに違う色味のものでなければならなかった。たいていは一方が暗い色で他方が明るい色というふうにして、視聴者にメンバーの見分けがつくようにされていた。この方法は、色覚異常のサッカー選手にも役に立つ。ユニフォームの色合いが違えば、パスを送る相手を間違えずに済むからだ。

人によって色の感じ方の違いは非常に大きい。2015年2月、あるドレスの写真がインターネット上に投稿され、24時間のうちに急速に拡散された。見たことがないというあなたは、グーグルで「the dress」と検索してみればわかるだろう。その写真は、一人の母親が、近々行われる娘の結婚式に着ていくつもりのドレスを娘に見せようと撮影したものだった。だが、そのドレスの色について、式を控えた娘と彼氏の間で認識が一致しなかったのだ。娘は白とゴールドのドレスだと言い、彼氏は黒とブルーのドレスだと言い張った。そこで、娘は友人たちに協力を求めてフェイスブックにその写真を投稿したのだ。その後の話は有名で、文字どおり何百万もの人たちがこの論争に参加し、ほどなく意見は真っ二つに割れた。「白とゴールド」派と「黒とブルー」派だ。

この話の最もおもしろい点の一つは、写真を見るためにどのような手段を用いたかという問題ではなさそうに思われたことだ。同じ携帯電話やノートパソコンでドレスを検

＊1　ヨーロッパにおける規格。

分しても、意見は割れた。見るときどきによって解釈が変わる「ネッカーの立方体（平面に描かれた立方体の透視図。錯視の立方体）」の場合とは違って、どうやら各人に見える配色は固定しているようだった。このドレスの場合、当初から見える配色は決まっていたのだ。この謎を解こうとするマスコミによって、世界中の色彩専門家が夜中に叩き起こされた。続いて、この現象の解釈を巡り、いたるところで科学者らの激しい論争が巻き起こった。やがて、謎を解く鍵は「色の恒常性」という概念にあることが明らかになった。

色の恒常性とは、異なった照明光の下でも人は同じように色を識別するというものだ。たとえば、黄色いバナナは戸外の太陽光の下に置いてある場合と、青い照明の部屋のなかにある場合とでは、見え方は大きく違う。青い光の下でバナナを見ると視覚系はその光源の色を計算に入れ、実際に見えるバナナの色から光源の色を剥《む》く（割り引く）。人の視覚系はバナナの色についての知識に引きずられ、どんな照明の下でも必ずバナナは黄色と認識し続ける。例のドレスの場合、写真からすると戸外の光源に照らされているのは明らかだが、その光源が「金色の直射光」なのか、「青空光（大気中の微粒子や水

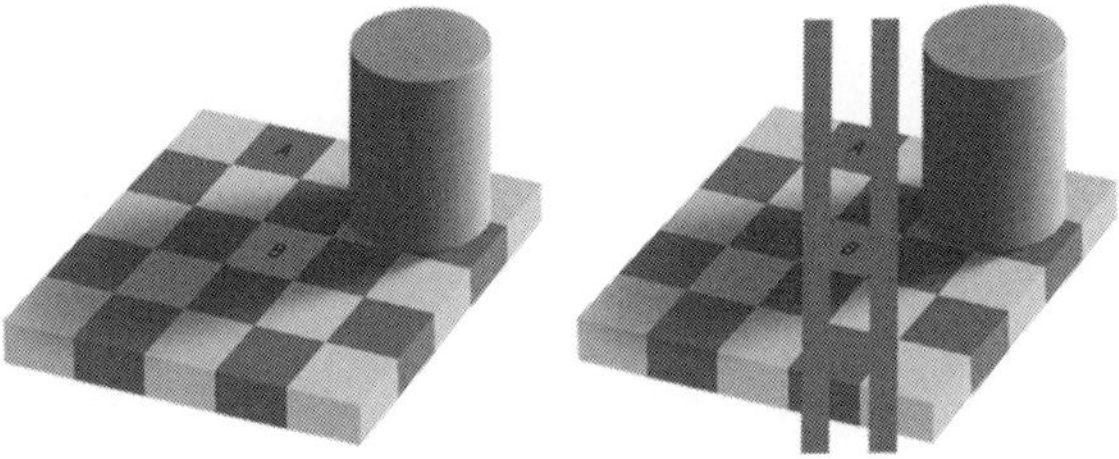

図2.2　チェッカーシャドー錯視

蒸気による散乱を経て地表面に到達した光）」なのかははっきりしない。判断が分かれるのは、こうした曖昧さが原因だ。ある人の視覚系は光源を青空光だと推測し、知覚から青という皮を剥き、ドレスを白とゴールドに見せる。一方、ドレスを照らすのは直射光だと推測した人の視覚系では、ゴールドという皮が剥かれ、ドレスは黒とブルーだということになる。このすべてのプロセスは無意識のレベルで起きるので、色の識別に影響を及ぼすことはきわめてまれである。

人が照明による変化を補っていることを示す好例が、明るい色と暗い色の四角形でできたチェス盤を用いた、エドワード・エイデルソンのチェッカーシャドー錯視（図2・2）だ。Aの文字が書かれた四角形はBと書かれた四角形より暗い色に見える。だが、両者はまったく同じ灰色なのだ。この場合の視覚系の仕事は、それぞれの四角形の色を決定することだ。その際、視覚系は図中の大きな物体が落とす影を計算に入れる。その結果、わたしたちは影が落ちる場所の灰色をまったく違ったように解釈してしまう。右側の図を見てほしい。問題の部分は平面的に見える。奥行き感が消えたことで、わたしたちも影のことを考慮に入れなくなる。つまり、視覚系はもはや影による影響を補う必要はなくなったわけだ。二つの四角形はまったく同じ灰色だとはっきりとわかる。ここで留意すべきは、これは視覚系の問題ではなく、それどころか、わたしたちがこの世界で出合うさまざまな状況が効果的に処理されている証拠であるということだ。

「the dress」の件は、同じ物に対してでも人の知覚には大きな違いがあることを示している。また、知覚は過去の経験や他者の意見に強く左右されるものだ。光源を何とみなすかという単純な相違が、ある対象についての二人の認識をまったく違ったものにすることもある。現在、さまざまな研究グループがこの特殊な現象を熱心に調べている。知覚というテーマで開かれた最近の科学会議で、最も多くの女性研究者が着ていたのがまさにあのドレスと同じものだった。あの大騒ぎが、当のドレスの売り上げに悪影響を及ぼさなかったのは確かだ。ちなみに、ドレスの本当の色は黒とブルーである。

　ある物体が目立つかどうかはさまざまな要素に左右されるが、特によりどころとなるのは、その物体と周囲との差だ。その差とは色の問題だったり、視野における位置の問題だったりする。すでに論じたとおり、人は周辺視では、はっきりと焦点を合わすことができない。人は眼底の網膜で身のまわりの物体の光を捉えている。網膜には、桿体《かんたい》と錐体と呼ばれる光受容細胞がある。錐体は人に色を認識させ、物体に焦点を合わせる。そのほとんどは中心窩付近、つまり最もくっきりと焦点を合わせられる直径１・５㎜の範囲に位置している。

　目の中心から外れたところで外界を見ようとすると、焦点がそこまではっきり結べないため、それぞれの物体の識別が難しいと感じるものだ。単なる３本の線が並んで引いてある場合、まっすぐ見れば簡単に識別できる（つまり、両眼の中心窩が線に焦点を合わせている）が、周辺視でその線を捉えた場合はずっと難しくなる。近接して並んだ物体の識別がしにくくなる現象は「クラウディング（混雑感知覚）」として知られており、その程度を決定する単純な法則はいくつかある。第一の法則は最も理にかなったものだ

①

＋	x Z x
＋	x Z x

ろう。物体を視界の端に寄せていくほど、ほかの物体との区別は難しくなる。①の図の＋記号を見たまま、右側の三つの文字のまんなかの文字を特定してみてほしい。＋記号と三つの文字列の距離が開けば開くほど、難しくなる。対象の位置が中心窩から離れるに従って、焦点は合わなくなる。見え方をそのままはっきり保ちたいなら、視界の隅にある対象をもっと大きく見えるようにしなければならない。

　カモフラージュの例にあるように、見かけが似たものに囲まれた対象は目立ちにくいことがわかっている。これはクラウディングの第二の法則だ。②の図の、それぞれの行のまんなかの文字を判別してみてほしい。2行目の大文字に挟まれたZのほうが、より判別しにくいだろう。三つの文字がどれも同じ大きさの2行目は、xが小文字で書かれた1行目に比べると、互いに区別がつきにくい。

　活字書体のデザイナーは、文字が互いに似すぎると読みにくくなるという事実を強く意識している。ディスレクシア[*2]の人たちに読みやす

②

＋	x Z x
＋	X Z X

いようにつくられた特殊な活字書体が、デザイナーによって開発されている。文字間をやや広めに取るか、あるいはそれとともに、字体を少し傾きがちにして、文字同士が似すぎないようにデザインされたものだ。ディスレクシアの人たちは、*b*と*d*を混同することが多い。両者の唯一の違いは左右が逆というだけだからだ。理論上は、*b*と*d*に少々改変を加えれば、区別がつきやすくなる。この考えは確かに興味深いものの、改変したところで本当にディスレクシアの人たちにとって読みやすくなるのか、それとも単なる商売の宣伝になってしまうのかは、少なくとも科学界ではまだ結論は出ていない。

交通標識の文字は反射素材でつくられることが多く、夜間に車のヘッドライトに照らされた際、個々の線が強く光りすぎて文字同士が

＊2　学習障害の一種で、文字の読み書き学習に著しい困難を抱える障害。読字障害、読み書き障害、失読症、難読症ともいう。

③

+	xZx
+	x Z x

よく似て見えることがある。*e*も*o*も丸い形で、違いといえば線の一部にしかない。現在、アメリカでは幹線道路の交通標識のほとんどに、クリアビューと呼ばれる活字書体が使われている。細めの線で書かれた文字が強く光って、文字同士の微妙な違いが判別しにくくなる問題は、この書体によって解決できるとされている。地名も大文字では表示されなくなったが、最初の文字だけは大文字で残りは小文字で書かれている。研究によれば、クリアビューの活字書体だと、以前の書体で認識できる場所からさらに16％離れても認識可能だという。車の平均時速を90㎞とすると、認識するのにかかる時間としては2秒稼げることになる。

どの活字書体にとっても重要なのは、それぞれの文字を近づけすぎないというルールだ。これがクラウディングの第三の法則だ。対象同士が近づけば近づくほど、周辺視で判別するのは難しくなる。③の二つの文字列を見て、ご自身で確かめてほしい。

もしあなたがアテンション・アーキテクトで、人の目を引く情報を提供しようとするなら、クラウディングの法則に従わなければならない。情報伝達のためのスペースをたくさん残すために、ロゴマークは通常は広告の片隅に配置される。ロゴマークがほかの視覚情報に近すぎる形で配置されたら、その認知度は著しく低下するかもしれない。ロゴマークは、広告上のほかの情報とは違う見かけにしておく必要もある。最近ではたいてい、テレビ画面の端にそのテレビ局のロゴが表示されており、背景との見分けははっきりつく。動くロゴもある。それどころか、画面の隅でずっと回転しているものもある。だから、多くの視聴者がそうしたロゴをひどくうっとうしいと感じるのも無理はない。

黄斑変性《おうはんへんせい》(macular degeneration)が進行した人は、情報を中心窩を用いてしっかり見ることができない。黄斑変性によって中心窩の錐体は次々と損なわれ、患者は視力に重い障害を負う。すでに述べたとおり、中心窩は網膜の中心にあり、顔の認識や読書といった、焦点をしっかり合わせなければならない課題を行うには欠かせない存在である。黄斑変性が進行すると、視野に見えにくいところ(視野暗点)が出現するが、中心窩の外側の領域はほぼ無傷のままだ。黄斑変性患者の視野は、健康な目なら最もはっきり焦点を合わせられるはずの、そのまさに中心部分に盲点があるような状態なのだ。

黄斑変性はあらゆる年代に起こる。若年性黄斑変性症は、シュタルガルト病によって引き起こされる一種の遺伝性疾患の症状として表れる。この形態の変性が起きるのは、およそ1万人に対して1人の割合だ。50歳以上になると、黄斑変性の割合は著しく高まり、およそ50人に1人となる。

視野にこのような見えにくい箇所のある人たちは、失われた中心の視野を補うために、本来は中心窩が担う役割を目の周辺部で行う。網膜の一部を新たな中心窩、いわゆる「疑似中心窩（pseudofovea）」として機能させるのだ。あなたも出会ったことがあるかもしれないが、こちらをまっすぐにではなく目の端で見ているような人はいる。彼らの中心窩、つまり通常は人をまっすぐ見るのに機能する部分は、まったく別のものを見ているのだ。もちろん、これは理にかなっている。何しろ、あなたを見ているその人の中心窩では、ほとんど何も見えないのだから。さまざまな研究によれば、疑似中心窩の利用に切り替えた患者は、新たな中心窩の定位置を決められなかった人に比べると、読み能力に大きな改善が見られたという。現在、こうした症状の緩和に用いられている治療の多くは、疑似中心窩として最もうまく機能している、網膜上の箇所を見つけることに重点が置かれている。見えにくい箇所が視野の右側に出るのは、読み能力の改善を希望する人にはあまり芳しくないということは、知っておいてもよいだろう。（西洋諸国では）大半の人は文字を左から右に読み、右側の視覚情報が読みのプロセスを促進していることが多いからだ。

正常な視力をもつ人に比べて疑似中心窩を用いている人は、中心窩によって関連情報をつぶさに調べることができないため、クラウディングに弱い。残念ながら、脳はそこまで融通がきかないので、疑似中心窩が本物の中心窩の性質を得たり、疑似中心窩を常用することでそのトレーニング効果が上がったりして、クラウディングの問題が軽減するわけではない。つまり、黄斑変性患者は常に、最適な視力を提供できない目の一部を用いて焦点を合わせていることになる。特に読むという行為は、文字同士がくっついたり紛らわしく見えたりするクラウディングの問題によって、非常に困難になる。また、黄斑変性患者はまさに目の端で文字を読まなければならないので、その苦労は倍になる。疑似中心窩を用いても楽に読めるように、クラウディングを起こしにくくするテキスト表示の方法を探す努力はなされているが、あまり成果は表れていない。

疑似中心窩を使う場合には、さらに二つの問題がある。第一に、人はたいてい、自分を横目で見るような相手を好きになれない。特に初対面の場合、こちらをまっすぐ見ない相手に対しては、冷めている、態度を決めかねているという印象を抱きやすい。たとえ、相手が長年、黄斑変性を患っていると知っていたとしても、目をそらされたように見えればコミュニケーションも不自然に感じられる。まっすぐ目を合わせようとしない人に対しては、否定的な感情が生まれるものだ。第二に、人の体は、目はまっすぐ前に焦点を合わせるものというつくりになっている。疑似中心窩で外界を見ていると、常に横を向かざるを得ないので首が痛くなるかもしれない。

この問題を解決しようと、科学者らはプリズム眼鏡を開発した。プリズム眼鏡とは、レンズを研磨して、通常なら中心窩に映るはずの像を眼球の隅に映せるようにした眼鏡だ。この眼鏡をかけた人は、疑似中心窩を利用しながら、まっすぐ前を見続けることができる。眼鏡は視力を改善するわけではないが、疑似中心窩を通して外界を見るという弊害をやわらげる。ただ困ったことに、この眼鏡は非常に重く、長時間かけ続けるのは難しい。

プリズム眼鏡をかける際には、着用者側に一定程度の初期調整が必要になるのは確かだが、普通は長期にわたるほどの面倒はない。すでに老眼鏡をかけている人ならわかるだろうが、新しい眼鏡をかけ始めた頃のようなものだ。最初はあらゆるものがちょっと妙な感じに見える。たとえば、レンズの凹凸による変化のせいで視覚情報がやや違うものに見えるとか、フレームが変わったせいで最初は視界が遮られるような感じがするとか。それでも、数日経てば新しい眼鏡にすっかり慣れて、それをかけていることすら忘れてしまうだろう。

この手の調整には、極端な話もある。１９５０年、セオドア・エリスマンは一風《いっぷう》変わった実験を行った。世の中が上下逆さまに見える眼鏡を助手にかけさせたのだ。その気の毒な助手は当初、ほとんどまともに動けなかった。階段を降りれば転び、目と鼻の先にある物も拾えず、ちゃんと歩くことすらままならなかった。ところが、数日経つと彼は新たな状況に慣れ始めた。いやむしろ、10日も経つとすっかり逆さまの世界になじんで、まったく問題なく日々の業務をこなせるほどになった。自転車にも乗れた。新しい環境がすぐに「普通」になってしまうくらいに、脳は新たな環境に適応するのが得意なのだ。

したがって、人が視知覚の変化に適応できるのは明らかだ。それは加齢による視力の衰えにも当てはまる。オランダでは先頃、45歳を過ぎてから運転免許更新を希望する人には運転試験を義務づけようという政府への働きかけが盛んに行われた。2004年には、それに必要な法律の制定を大臣が提案するに至った。この改正案の背景には、高齢者の視力の衰えは交通安全上、危険だという思いがあった。高齢者はこの問題に気づいていないことが多く、そのため、事故を起こす恐れがあると考えられたのだ。このテーマについては、ヨーロッパのほかの諸国でも議論が始まった。特に眼科医は、改正案の支持を声高に訴えた。視力検査の義務づけにつながるなら、新たな法律がこの業界の人たちにとって都合のよい話なのは言うまでもない。オランダに限って言えば、年間50万件の視力検査の追加につながるわけで……。

良好な視力は安全運転に絶対に欠かせないと誰もが思うだろうが、このテーマに関する科学論文には異なる話が載っている。人の視力とその人が起こす交通事故件数との相関は、ほとんどないことが判明している。むしろ、平均以下の視力の持ち主のほうが実は安全に運転していると示唆する論文もあるくらいだ。その理由は、人は各自の視力に基づいて調整を行うからだ。焦点をはっきり合わせにくい人たちは、おそらくより慎重に運転するだろう。たとえば霧の夜には、目が悪い人だけでなく誰もがその難しい状況に合わせて運転するものだ。だから、視力検査を義務づけることは、安全運転にまったく貢献しないだろう。幸い、大臣は科学界からの助言に耳を傾け、前記の提案を取り下げた。

第1章では、自分の内的世界に表現できるのは、外の世界の限られた一部だけだと結論づけた。この第2章では、その表現されたものを把握するシステムにも限界があることを示してきた。その限界とはたとえば、人は中心窩でしかはっきりと焦点を合わせることができないとか、さまざまな状況下でクラウディングという問題にぶち当たるとかということだ。さらに、照明のような外的要因も色の知覚に大きな影響を与えかねない。また、瞬きのせいで目はしょっちゅう閉じられるため、得られる視覚情報をすべて頭にとどめるのは不可能だ。

普段、わたしたちがそうした制限の影響に気づかないのは、視覚系が柔軟にすばやく機能するからだ。たとえば、網膜の盲点について考えてみよう。網膜は目に映る光を電気信号や化学信号に変え、その信号が脳に送られて、さらなる処理がなされる。それらの信号は、軸索(神経線維)の大規模ネットワークが視神経に接続する箇所を通って、眼球から送られていく。その接続箇所には錐体も桿体も存在しない。だから、網膜上のその場所に映る視覚情報はわたしたちには見えないのだ。盲点の大きさは、視角でいえばおよそ4度で、伸ばした腕の先の指4本分くらいの幅に相当する。④の図を使って、自分の盲点を知ることができる。腕を伸ばした状態で本をもち、左目を閉じて右目で+記号を見る。そして、ゆっくりと本を目に近づける。ある地点(顔から20~25㎝あたり)で円は消えるだろう。そのとき、円は盲点に入っており、視覚系は自動的にその空白を本のページの色で埋める(この処理は「フィリングイン(知覚的充填)」として知られている)。さらに本を近づけていくと、円は再び現れる。フィリングインは、電波障害時のテレビ画面のような複雑な視覚刺激を見ているときにも起こる。

④
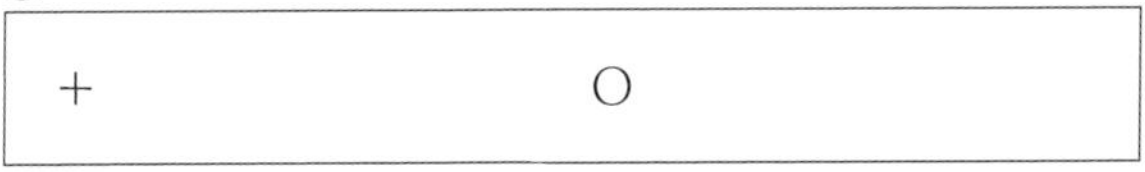

クラウディングのような現象が意味するのは、意図的な視覚メッセージが必ずしも見る人に感知されるわけではないということである。アテンション・アーキテクトはこのことを肝に銘じるべきだ。対象を背景から際立たせて、十分目立つものにしなければいけない。だが、どうやって目立たせればよいのか？　何が対象を際立たせるのか？　まずは色から、と考えるのに疑問の余地はなさそうだが、それはなぜなのか？

視覚系は、多くの基本的な視覚特性をそれぞれ個別的に処理するようにできている。わかりやすく説明するために、この視覚特性を「組み立て用のブロック」にたとえることにしよう。視覚特性は視覚系の基礎的な構成要素だからだ。このブロックを組み立てるという概念がどういうものかをしっかり理解するには、視野の意味をはっきりさせることが重要だ。まっすぐ前を見るとき、人は視野の中心を見ている。右側の情報はすべて右視野にあり、左側の情報は左視野にある。両眼で集められた情報は、視交叉《しこうさ》（脳内の視神経が交差している部分）を通って視覚野という視覚情報を処理する脳の領域に送られる。この移送の間に両眼からの像は組み合わされる。両眼で捉えた左視野の視覚情報は右半球に送られ、右視野の情報は左半球に送られる。視覚野には、情報が視野のある部分（受容野）に与えられたときのみ反応（あるいは「発火」）するニューロンがある。また、ある種の視覚情報が受容野に与えられたときのみ反応するニューロンもある。動きと方向に特化したニューロン（たとえば「この線は右（／）か左（＼）かどちらに傾いているか」などに関わる）もある。デイヴィッド・ヒューベルとトルステン・ウィーゼルは、特定の角度をもつ線（たとえば「／」など）が受容野に与えられたときだけ発火する、視覚野の特定のニューロンを発見し、１９８１年にノーベル生理学・医学賞を受賞した。このように、すべての「組み立て用ブロック」が視覚系で組み立てられることで全体像が形づくられ、わたしたちはそれを見ることができるのだ。

　組み立てられたさまざまなブロックの情報は、さらなる処理に特化した脳の領域に伝えられる。たとえば、Ｖ４と呼ばれる領域では色の処理がなされる。この色の領域に損傷を受けると、色を知覚することができなくなり、世界はまるで白黒テレビのような灰色の色調になる。この色の領域は健常な実験参加者で確認できる。経頭蓋《けいとうがい》磁気刺激法という技術を使ってその領域に短い磁気パルスを当てると、色の処理のメカニズムは一時的に中断するのだ。

ある対象を知覚できるかどうかは、色や形、大きさの点で、組み立てられたブロックが周囲のものからどれだけ区別されるかによって決まる。その区別がはっきりしているほど、対象は認識されやすくなる。知覚のしやすさは、注意を引くための絶え間ない戦いにおいて重要な役割を果たすことが多い。ここまでわたしはどうしてもやむを得ない場合を除いて、「注意（アテンション）」ということば遣いを避けてきた。まずは、脳が基本的な視覚的「組み立て用ブロック」をどう処理するかを説明したかったからだ。だが、ここにきてこう問われるに違いない。注意とはいったい何か？　次章では、人が周囲の視覚世界からどのような情報を集めるのかは、注意によって最終的に決定されるということがわかるだろう。

第3章

注意の選択

——人はなぜ考えごとをしているとき、模様がない（無地の）壁を見つめるのか

2006年4月、ある女性がアムステルダムの医師に診てもらおうと決心した。片方の乳房にしこりを見つけ、ちょっと心配になっていたのだ。X線検査をしたところ、腫瘍が発見された。2カ月後、女性は腫瘍摘出手術を受け、一定期間、放射線治療を受けた。ただ、腑《ふ》に落ちないことがあった。その医師に診てもらう6週間前に、50～74歳を対象とした全国的な乳がんスクリーニング検査の一環として、彼女はすでにX線検査を受けていたのだ。

手術後の経過はきわめて良好だったが、彼女はある疑問にさいなまれていた。なぜ、検査のとき、何も見つからなかったのだろう？　彼女はアムステルダムの関係当局にこの件を申し立てた。当局の答えは、放射線科医にミスはないので訴えは退ける、というものだった。放射線科医は、検査で見つかった異常を「ごくわずかな兆候」としていた。つまり、それ以上の診断は必要ないものと考えていたのだ。

オランダの研究によれば、このスクリーニング検査での検出率はおよそ70％だという。つまり、放射線科医は、実は乳がんにかかっている女性の4分の1以上のがんの発生を見落としていることになる。もちろん、この数字は理想的とはいえないが、どんな可能性を含む診断結果でも、どんなにわずかな問題でも、必ず追加の検査が必要とされるわけではない。こうした検査は大きな苦痛を伴うので、わずかな兆候にもいちいち対応していたら、必要のない不快感やストレスを与えることになってしまうのだ。わずかな兆候から腫瘍を発見する可能性は、ごく低いことは知られている。

一般に、大衆のスクリーニング検査への信頼は、控えめに言ってもそう高くない。ミスが起きると、公的な検査を受けようとする人々の気持ちは萎え、その結果、政府は主たる目的を果たすことができなくなる。だから、スクリーニング検査の存続のためには、アムステルダム当局のあの裁断はとても重要なものだった。現在、イギリスやアメリカの放射線科医のなかには、医療過誤で訴えられることを恐れてスクリーニング検査を受けもつことを拒否する者もいる。アメリカでは、患者に代わって法律事務所が、増え続ける損害賠償請求の手続きを始めている。法律事務所はテレビ広告を通して、病院に過失を訴えることができると呼びかけている。一方、オランダでは、そうしたケースは比較的少ない。このアメリカとオランダとの違いは、最初の検査後に専門医に紹介される女性の数に反映されている。そうした女性の割合はアメリカでは１００人のうち10

人だが、オランダでは100人に2人なのだ。

腫瘍が見逃されたスキャン画像をもう一度チェックすると、たいていの場合、腫瘍ははっきり見えていたはずであることがわかった。こうした場合、最初にスキャン画像を見た放射線科医が腫瘍を見逃したか、誤った解釈をしたかのどちらかだ。一見、これは衝撃的かもしれないが、必ずしもそうではない。改めて、1回目と2回目の画像精査の状況を比べてみよう。スキャン画像に腫瘍が写っているかどうかわからない場合、放射線科医はその画像をほかの画像と同様に読み取ろうとする。腫瘍発見の統計的確率が低いということは、腫瘍が見つかるだろうという放射線科医の予測度も同じく低いということだ。だが、その画像の評価が2回目となると、状況は一変する。すでに放射線科医はこの画像内に腫瘍が写っているとわかっているので、実際にそれを見つける確率はこれ以上ないほど高い。そのため、2回目だとほぼ必ず腫瘍は見つかる。だから、2回目の放射線科医は1回目の放射線科医より優秀だとみなすのは間違いだろう。状況がまったく違うので、両者を比較することはできない。最初の放射線科医がもう一度、画像をチェックしたら、十中八九、腫瘍を見つけるだろう。単純に、発見できる可能性が高くなるからだ。

スキャン画像を評価する際、放射線科医はX線画像内の、腫瘍と関連する箇所をくまなく慎重に検討しなくてはならない。これを適切に行うには、画像一つひとつによく目を通し、さらにそれぞれの画像内の個々の領域をすべて、詳しく調べる必要がある。腫瘍の発見とは、赤い服のサンタクロースを緑の服を着た助手の妖精たちのなかから見つけ出すのとはわけが違う。腫瘍の色や形は、周囲の組織の濃淡や形とさほど変わらない。むしろ、異常な組織を見つけるのはきわめて難しく、それができるまでには長年の訓練や幅広い医学知識が必要だ。だから、視覚世界を点検することにかけては、放射線科医が卓越した専門家であることは、当然期待できる。彼らなら画面にゴリラが入ってきても、見逃すことはないのではなかろうか。

この問いに答えるべく、ある調査が行われた。放射線科医のグループが、多数の肺のスキャン画像を調べて悪性組織の痕跡を探すよう依頼された。スキャン画像内には怒ったゴリラの画像が挿入されていたが、放射線科医らはそれを知らされていなかった。ゴリラの画像はマッチ箱くらいのサイズだ。あのバスケットボールの動画のゴリラと同様、「怒ったゴリラ」は視覚対象の要素として、普通ならスキャン画像では見つかるはずがない。だが、調査の結果は驚くべきものだった。83％の放射線科医が、画像内のゴリラを見落としたのだ。

この結果は、放射線科医に与えられた実際の職務課題によって説明できる。彼らはゴリラではなく、特定の視覚的特徴を備えた組織を探していた。もし、ゴリラ画像の色や形に悪性組織の色や形と似たところがあれば、ゴリラに気づいた放射線科医はおそらくもっと多かっただろう。特定の視覚対象を丹念に探り出す能力が求められる専門職の訓練には、こういった情報はきわめて重要だ。同様に、起こりうる危険をカメラ画像から読み取らねばならない警備の仕事にとっても、それは大事なことだ。特定の対象を探すよう指示された人は、通常、その他の対象をすべて除外するものだ。こんな事例も報告されている。緊急治療室にいた放射線科医、医学研修生、医師のいずれもが、3台のCTスキャンではっきり目視できたにもかかわらず、患者の血管内に残されたガイドワイヤー[*1]に気づかなかった。どうやら、人が何に気づきやすいかは、その人が何を探しているかに大きく左右されるようだ（これは日常のさまざまな事例に当てはまるが、ここでは探すという視覚的な行動にのみ言及する）。

もちろん、「何」を探しているかだけでなく、「どのように」探しているかも重要だ。ゴリラとX線画像の研究を行ったその同じ科学者らは、放射線科医らがどのようにスキャン画像の精査に取り組むかも見ていた。眼球運動の痕跡からは、放射線科医の精査の仕方が「反復点検型」と「集中点検型」という二つの型に分類されることが判明した。「反復点検型」は画面上の特定の箇所を選び、すべてのスキャン画像のその箇所だけを調べる。その箇所を調べ終えると、また別の新しい箇所に移動し、再びすべての画像をチェックする。一方、「集中点検型」は一つの画像を細心の注意を払って完璧に調べたあと、次の画像に移る。それぞれの画像については一度しか調べない。放射線科医は、この二つのうちのどちらかの方略だけをとる傾向にある。

研究によれば、「反復点検型」は「集中点検型」よりも広範囲を調べており、異常な組織を突き止めることにかけても優秀だったという。将来、こうした情報は、放射線科医

＊1　カテーテルなどを病変部まで運ぶために血管内に挿入される細い針金状の医療器具。

の養成にとても重宝するだろう。眼球運動の測定はますます容易に安価になってきているので、それを用いて、放射線科医により効率的な点検方法を教育できるようになるだろう。さらに、放射線科医が誤った、もしくは不完全な読影を行ったと思われた場合にも、介入が可能になる。放射線科医の眼球運動を調べることによって、たとえ画像内に見落としがあっても、その箇所は明らかにできるのだ。

スキャンは空港の手荷物検査にも用いられており、セキュリティチェックの担当者は日々、多くの時間を費やしてバッグやスーツケースの中身を調べている。安全上の理由から、スキャン画像をチェックする技術についてはあまり知られていないが、試験目的でときどきバッグに隠される偽の爆発物を担当者が見落とすかどうか調べてみると、その割合は75%にものぼることが報告されている。もちろん、スキャンで爆発物が見つかる確率は、放射線科医が異常な組織を見つける確率よりずっと低い。たまに偽の爆発物を潜ませることは、その確率を少し上げるのに役立つかもしれないが、それでも、繰り返される本物の見逃しを防ぐことにはならない。

空港警備担当者の仕事について調べたアメリカの研究によれば、日常的にスキャン画像を精査しなければならない彼らは、それとは無関係のほかの検査の仕事でも高い能力を示したという。コンピューターの画像内に巧みに隠された物を見つけるという実験で、ある実験参加者のグループでは82％が成功した。一方、プロのセキュリティチェック担当者のグループでは、素人と比べて作業完了までに時間はかかったとはいえ、同じ試験での成功率は88％だった。この研究からわかるのは、プロのセキュリティチェック担当者はより正確に探索する方法を心得ており、おそらくそれは長年の手荷物検査の経験のおかげなのだろうということだ。しかし、彼らを「超エキスパート」と呼ぶわけにはいかない。その正確な探索には時間を要するからだ。素人の実験参加者と比べると、ほかの人ならあきらめそうな場合でも、彼らはずっと長い間、調べ続けたのだ。

このような実験室実験の問題点の一つは、参加者が見つけるよう求められる対象物はたいてい現に存在するが、問題は、そんなことは日常のセキュリティチェック担当者の業務でよく起こるわけはないということだ。ある対象物を見つけられるかどうかが、それが実際に存在するかどうかに左右されるなら、この実験結果では、担当者の作業方法について、多くはわからない。直近1週間の訓練で試験されたセキュリティチェック担当者の場合だと、話ははっきりしている。試験期間中、対象物が頻繁にスキャンに隠されていた時期よりも、それが比較的少なかった時期のほうが、担当者は隠された対象物を見逃した。これを受けて、いくつかの空港ではすでに、禁制品の画像を定期的に担当者の画面に紛れ込ませるという訓練を導入している。これによって隠された対象物が見つかる確率は上がった。つまり、少なくとも理論上は、担当者は手荷物に潜んだ禁制品を見つけやすくなったということだ。

あなたもセキュリティチェックの担当者になれるか腕試しをしたいなら、「Airport Scanner」というアプリをダウンロードするのもよいだろう。これはプレイヤーに手荷物スキャンで危険物を見つけさせるという無料アプリで、世界規模で大当たりしており、ユーザーは何百万人もいる。資金の一部を提供しているアメリカ政府は、当然ながら、そのゲームから収集できる驚異的な情報量に喜んでいる。複数の研究者もそのゲーム開発に関わっており、10億回の手荷物検査から読み取ったデータを含んだ初の科学論文が、最近、発表されたところだ。なかには、すでに何千という手荷物検査を完了するほど、すっかりはまってしまったプレイヤーもいる。さらに、開発者らはごく散発的に

（検査の０・１５％以下という割合で）ある対象物を入れ込む機会を得た。これこそ実験室では行えない類いの検査だ。こんなことをすれば、実験参加者は何時間にも及ぶ検査の末、叫び声を上げて実験室から逃げ出してしまうだろうから。０・１％の確率に基づけば、１０００回の検査に1回の割合で対象物が現れることになる。きわめてまれな対象物を見つける能力について確実な結論を出すためには、プレイヤーは少なくとも2万回の検査をしなければならない。現在、Airport Scannerアプリのおかげでこの種のデータは入手できる。それによれば、普通のプレイヤーでも検査のプロでも、隠される頻度が低ければ見逃す頻度が高くなるのは間違いない。

X線によるスキャンの場合、たいてい画像は1㎝単位で異常がないか調べられる。だが、その過程で何が起こるのか？　この疑問に答えるために、ここで「注意（アテンション）」という用語をしかるべく登場させなくてはならない。注意とは、得られるすべての視覚情報からある選択をし、その情報だけを処理するというメカニズムのことだ。おおむね、わたしたちが注意を向けない情報はすべて、ふるい落とされる。注意は中身が注がれようとする瓶の首にたとえられる。いかなる場合も、一定量の液体しかそこを通ることはできないのだ。

心理学における注意という用語を巡っては、多くの議論がなされている。統一された定義がない、というのがその主な理由だ。「記憶」という概念が情報の保持能力に関係するのは、周知されている。「知覚」のような概念が、感覚情報の受け取り方に関係するのもはっきりしている。だが、「注意」となると、そこまで明快ではない。たとえば、パーティーで出会った人に、「わたしは今、注意という領域の研究をしているんです」と言うと、注意が意味するものについて、人によってまったく違う反応が返ってくるのが普通だ。まず大半の人は、注意とは特定の仕事をやり抜く能力に関わるものだとして、「わたしは注意散漫でね」とか「ぼくの注意力は長くはもたないんですよ」とか言う。こういった注意の解釈は、たとえばこの本を読むという選択をする能力や、その行為を忍耐強く続けるという能力を意味する。その遂行のためには、ほかのことに気をとられたり、ほかの行動をとったりしてはならない。たとえば、「このあと食料品店で何を買わなきゃいけないんだっけ」などと考えてはならないのだ。この解釈は「選択」を問題にしているが、一定期間、ある行動を続けるのが重要だという時間的な要素も含めている。そういったものは、わたしが本書で述べようとしている「注意」とはほとんど関係ない。わたしが扱うのは視覚情報への注意だ。とはいえ、どちらの場合も注意についての話になるのだが。

きちんとした定義がないのは、パーティーの場だけでなく研究そのものの場でも問題だ。研究者の多くは、統一された定義を「注意」に与えるのは不可能だという意見をもっている。その概念が、さまざまな選択プロセスの説明に使われてきたからだ。注意という用語は解決どころか、さらなる疑問をもたらすようなので、いっそのこと使わないほうがよいという科学者もいるくらいだ。注意という用語について、ある人の解釈は別の人の解釈とはまるで食い違うこともあるだろう。こうした曖昧さによる問題は、科学的な議論の場でよく見られる。科学者らはある実験結果をどう解釈するかという議論ではなく、注意という用語についての長々とした議論に終始してしまうのだ。

注意にちゃんとした定義がないため、その影響は広い範囲に及ぶ。脳に損傷を受けた人が、普通の日常的な活動に支障をきたすことはよくある。絶えず物忘れをする患者の場合、それは記憶障害に関わる問題とされる。脳に損傷を受けた患者は、注意障害があると診断されることも多い。注意障害は一つの課題に集中するのが難しいことを示すが、同時に視覚的注意の問題も指す。しかし、注意に統一された定義がない以上、問題はそんな診断は患者にとって助けになるどころか、むしろ邪魔になるのではないかということだ。

ｆＭＲＩ（機能的磁気共鳴画像法）など、脳の研究やマッピングのための新たな技術が現れたおかげで、謎に満ちたその器官のさまざまな領域の機能について、ますます多くのことが発見され始めている。おもしろいことに、脳の領域の多くは注意という機能にとってとても重要だとされている。だが、注意の定義が曖昧である以上、脳のその領域独特の機能が何であるかをはっきりと特定することは、誰にもできない。どうやら解決の鍵は、注意をただ一つの概念に決めるのではなく、脳が利用する多様な選択のメカニズムを示す総称とみなすことにあるようだ。複数の課題をこなしたり、身のまわりのあらゆる視覚情報を処理したり、思い浮かぶあれこれを同時に考えたりできないという単純な理由から、脳は選択を求める。人は無関係な情報に気をとられないようにしつつ、情報の断片を選択し、選んだものを処理する。この選択によって、脳は同時に入手可能なすべての情報を処理しなければならないという、過剰な負荷を避けることができるのだ。

視覚情報の選択についての話は、実は視覚的注意の話だ。視覚的注意は入ってくる視覚情報の処理にのみ関係するもので、ただ一つの課題をやり抜く能力とは何の関係もない。それは、あなたがいかなるときも処理している情報に関係するのだ。だが、それでもなお定義としてはかなり曖昧で、なかなかすっきりしない。たとえば、空間のある箇所に注意を向ける場合、それが何を意味するのかはわからない。これをきちんと説明するには、ある思考実験を行う必要がある。

二つの物体しか存在しない世界を想像してほしい。一つは赤い四角で、もう一つは赤い丸だ。前章でわかったとおり、それぞれの「組み立て用ブロック」は脳の別々の場所で処理される。この架空の世界の情報を処理する場合、物体の色（赤色）は色を担当する脳の領域で処理され、形（丸と四角）は形を担当する領域で処理される。「色のニューロン」は赤色に反応し、「形のニューロン」は丸や四角に反応して発火する。視覚系はこの情報の組み合わせを難なくやってのける。何しろ、色はたった一つ、つまり丸も四角も赤に決まっているからだ。理論上の、だが単純なこの世界では「組み立て用ブロック」の組み直しに問題はない。

では、この単純な世界をもう少し複雑にするために第二の色を足して、赤い四角と青い丸が存在するとしよう。色を担当する脳の領域では赤と青のニューロンが活性化するが、形を担当する領域の状態はさっきのままだ。だが、どちらの色がどちらの形と組になるのか？　この情報を結びつけねばならないとき、視覚系にはどの形が赤でどの形が青なのかを知る手だてはない。視覚系は赤い物体と青い物体を見たことはわかっているが、四角が赤か青かはわからない。これは「結合問題」と呼ばれており、視覚系がどう働くかを示すものだ。人が豊かな視覚世界から受け取る「組み立て用ブロック」についての情報は、別々の脳領域で処理されるため、組み合わされることはない（言うまでもなく、わたしたちの視覚世界には、先ほど設定した理論上の単純な世界よりずっと多くの色や形が存在するが）。

視覚的注意は、この「結合問題」に解決策を与える。注意によって、視覚世界のある部分だけは確実に処理される。その情報の残りの部分はふるい落とされる。先ほどの例では、脳は赤い四角に注意を向け、青い丸を無視することで、「結合問題」を解決する。これによって、視覚系は視覚情報のどの部分が互いに結ばれるべきかを認識できる。「赤色」に反応するニューロンは色の領域で発火し、「四角」に反応するニューロンは形の領域で発火する。こうして、視覚系は注意が向けられた箇所に赤い四角が存在すると知るのだ。

ある物体が実は何かを知るためには、その物体を組み合わせる「組み立て用ブロック」のすべての情報にアクセスしなければならない。ある物体に関わるさまざまな「組み立て用ブロック」の情報を確実にまとめ、結びつけるのは、注意しかない。緑の木は、その木がある場所に注意が向けられない限り、ただの緑色の、無作為の形の集まりにすぎない。注意が色と形を互いに結びつけ、一つの物体としてその木を人に感じさせる。つまり、注意が物体に向かなければ、その物体の正体はつかめないということだ。

「組み立て用ブロック」の結合は連続的に行われる。その処理は非常に速く自動的になされ、中断されることはない。人が何かに注意を向けると、その箇所の「組み立て用ブロック」は即座に互いに結びつけられる。だから、人は考えごとに没頭しているとき、よく模様のない（無地の）壁をじっと見たり（あるいは目を閉じたり）する。そうやって、思考プロセスを邪魔する外部の情報を一時的に遮断しているのだ。

スピノザ賞（オランダで科学研究分野に与えられる最も名誉ある賞）受賞者のヘンク・バレンドレクトは、マインドフルネスについて幅広い研究を行った。わたしが彼に自動的な情報の結合について語った際、彼はマインドフルネス瞑想（ヴィパッサナー）で最も重要な手段の一つは、経験と思考との結びつきを断つことだとコメントした。このような瞑想が象徴するのは、情報の各断片を自動的に結びつけるのをやめることによって、結合の処理に影響を及ぼし、無条件に世界を体験しようとする姿勢だ。目的は、自分の思考も含めて、制約のない形で世界を感じられるようになることで、究極の目標は結びつけによって生じるあらゆる苦しみを減らし、あるいは消し去るところまでいくことだ。

のちの章では、頭頂葉《とうちょうよう》皮質の損傷のせいで視覚的注意に問題を抱える人たちのケースをより詳しく検討するが、その前に気になりそうなことを指摘しよう。こうした患者は脳に損傷のない人に比べて有意に、対象の結合を誤って報告する。患者は視野の特定の部分にあまり注意が向かない。この注意の欠如が意味するのは、さまざまな「組み立て用ブロック」を互いにきちんと結び合わせられないため、間違った結合がどんどん増えるということだ。

健常な実験参加者でも、結合を間違う可能性はある。ある一連の実験が行われた。視覚情報はごく短時間（たとえば２００ミリ秒間）提示され、その後、視覚的なノイズが入って、（直前の情報が）マスキングされる。このマスキングは、視覚情報が消えた瞬間に画面に残像が現れるのを防ぐためだ。これによって、情報が見えていたのは、きっかり２００ミリ秒でそれ以上でも以下でもないことが確実になる。短い時間なので、実験参加者は画面上のある箇所から別の箇所へと注意を移動させる暇はなかった。その一瞬に、画面には二つの数字と四つの物体が現れる。四つの物体は多様な「組み立て用ブロック」の組み合わせでできている。赤い三角、小さな緑色の丸、大きな黄色の丸、大きな青い三角だ。まず、参加者は見た数字を言うように求められ、次にどんな物体を見たかを尋ねられる。視覚情報はごく短時間しか提示されず、数字を特定する注意も必要になるということの状況では、参加者には四つの物体それぞれの位置に注意を向ける時間がない。その結果、参加者は色と形の組み合わせを間違えて答えた。全実験例における18％の人が二つの物体の色、形、大きさのそれぞれの組み合わせを間違え、「小さな赤い丸」とか「小さな緑の三角」といった回答をした。数字が提示されない場合では、間違った組み合わせは報告されなかった。数字がなければ、一つの物から別の物へと注意を移動させる時間は十分で、多様な「組み立て用ブロック」を互いに結びつける余裕があるということだ。この結果は、まさに注意が各「組み立て用ブロック」の結合を担っているという有力な証拠だ。

劇場の公演では、よくスポットライトがステージの一部を照らし出す。ここぞという場面で演技が繰り広げられる場所を、観客に注目させるためだ。このとき、スポットライトを浴びる役者はステージ上の何よりも目立つ。また、裏方もスポットライトが当たらないところの舞台装置を、観客に気づかれずに変えることができる。スポットライトは、視覚的注意をたとえるのにぴったりだ。注意は視覚情報のより深い処理を可能にするが、注意を向けられない視覚情報はほとんど無視される。

多くの比喩の例に漏れず、スポットライトのたとえは注意の実際の働きを単純化すぎている。たとえば、スポットライトはステージ上をなめるように動くが、注意はそうとはいえない。注意はしばらくの間、ある箇所に向くが、その後、まったく違うところに移動する。その２箇所の配置がどうであれ、まったくおかまいなしにだ。ある場所から次の場所まで、照らしながら移動し続けるスポットライトとは違う。だが、注意を空間的に移動する物体に向け続けるのは可能だ。たとえば、床を転がるボールなどに。

この独特の比喩は、スポットライトのサイズのばらつきを考えてもぴったりだ。スポットライトのサイズは大きくも小さくもできるが、注意のスポットライトもそうだ。そのサイズ（いわゆる「注意の窓」）は視覚的注意の重要な特徴であり、自分で制御できる。たとえば、文字のように小さなものの正体を知ろうとするなら、スポットライトを小さくすればよい。92ページの図①を見てほしい。＋記号に焦点を合わせながら、同時に文字を読もうとすれば、スポットライトを小さくして注意をある箇所から次の箇所へと移さねばならないだろう。個々の要素を見きわめようとするには、この方法しかない。だが、それぞれの文字の位置がわかりさえすればよいなら、小さいスポットライトは不要で、もっと大きなスポットライトを使えばよいだろう。その場合、個々の文字が

①

H

G　J

F　+　K

何かという情報は手に入らないが、その位置を特定することはできるだろう。

　ある課題を実行するのにどこまでの詳細が必要かによって、スポットライトのサイズは決定される。次の図②は「ナボン図形」として知られている。ナボン図形とは、小さな文字でつくられた大きな文字のことだ。このナボン図形をごく短時間見せられ、大きいほうの文字は何かと尋ねられたら、あなたは難なく答えられるだろう。それは、この課題に備えて、あなたはすでにスポットライトのサイズを大きくしていたからだ。しかし、もしその直後に、大きい文字をつくっている小さい文字は何かと問われたら、おそらくあなたは答えられないだろう。そういった細部の把握には、より小さいスポットライトが必要だ。たとえ小さいほうの文字を見て、目がその視覚情報を記録したとしても、その文字が何かはわからないだろう。注意が向けられた対象は何か、というこ

②

HHHHHHHHH
H
H
HHHHHHHHH
H
H
HHHHHHHHH

とだけが記録されるからだ。

高齢ドライバーは、周辺視野に映る情報に注意を払えないため、危険の原因になるということはよく知られている。また、高齢の歩行者も、もはや自分のまわりに何があろうとまったく気づかず、視覚世界はかなり狭くなっているようだ。こうした問題の一端は、加齢に伴ってスポットライトがだんだん小さくなるという事実によるものだろう。このスポットライトの能力を「有効視野（useful field of view）」という。加齢とともに有効視野が狭まるということは、身のまわりの視覚世界全体をだんだん頭にとどめにくくなるということだ。さまざまな研究によって、有効視野の広さと交通事故件数との関係、あるいは交通量の多い交差点での横断時間との関係が示されている。有効視野を広げることを目的とする訓練プログラムがある。こうしたプログラムでは、参加者は少しずつ制限時間が短くなっていく状況で、コンピューター画面の各所に提示される物体を同定するよう求められる。このような訓練は非常に有益だという結果が出ている。つまり、交通事故を減らし、高齢者の活動可能な期間を延ばすのだ。

有効視野が狭いのは高齢者に限ったことではない。幼い子どもにとっても、まわりの視覚世界全体を捉えるのは難しい。最近、わたしはこのことをはっきりと理解できるような素朴な観察の機会を得た。わたしは5歳の息子と一緒に、屋内型の大型遊技場に出かけることにした。そこには、とても楽しい忍者修行ゲームがあるのだ。そのなかには、見える範囲に光が現れたらできるだけすばやくボタンを押す、というゲームもあった。驚いたのは、光の点滅に対する息子の反応の鈍さだ。息子はどのライトが点いているか、一つひとつ調べているようだったが、わたしは一瞬でそれができた。わたしの反応時間は息子より5倍速かった。忍者でもないのに。あとでわかったのだが、わたしが出した結論は、子どもは大人ほど広範囲を見渡せないという科学実験に裏づけられていた。さらにナボン図形では、子どもは大きな文字より小さい文字のほうに、はるかにすばやく反応することも判明している。「なぜ、うちの子はすぐ目の前の床に転がっている、お気に入りのテディベアが見つからないと言うのかわからない」という親御さんたちには、これは特に役立つ情報かもしれない。子どもには、大きめの像は（ほぼ文字どおり）見えないのだ。

放射線科医が異常な組織を見つけ出そうとする際は、スポットライトを小さくして、重要な領域にのみ注意を集中させる。だから、スキャン画像に隠されたゴリラを見逃しやすいのもうなずける。この現象は「不注意盲（inattentional blindness）」として知られている。ある特定の箇所への注意が欠けることによって、はっきり見えているにもかかわらず、対象に気づかないという現象だ。

ヘッドアップディスプレイ（略称ＨＵＤ[*2]）は最近、航空業界などでますますよく使われるようになっている。これと似たヘッドマウントディスプレイ（ＨＭＤ）という装置

＊2　パイロットやドライバーの前方視野内に計器などの情報を表示する装置。

は、眼鏡やヘルメットを用いて、ドライバーやパイロットの視野内に情報を映し出す。こうしたディスプレイがあれば、道路や空路から目をそらさずに済む。不都合な点は、映し出される情報の処理に忙しくなり、入ってくるほかの情報を見逃すことだ。実験によれば、何千時間ものフライト経験のあるパイロットでも、HUDのシミュレーター使用時に別の飛行機を見逃すことがあるという。目の前の滑走路に別の機がいるというのに！　この装置による危険性は、注意が滑走路（もしくは道路）と、映し出される情報とに分割されることにある。たとえ、その情報がその時点で重要でないとしても危険だ。

しかし、ということは、わたしたちは常に周囲の特定のものを見逃していると認めざるを得ないのか。いや、必ずしもそうではない。不注意盲を軽減するのに役立つ要因は、数多くある。たとえば、例の悪名高い動画については、バスケットボールをよくやる人はゴリラを見つける率が高い。彼らはそれほど強く注意を向けなくても、パスの回数を数えられるからだ。また、チェックするよう指示されたチームのシャツの色がゴリラの色と同じ場合も、ゴリラが見つかる率は高い。この場合は、不注意盲のレベルは軽減する。なぜなら、実験参加者がモニタリングを行うよう求められた対象は、参加者が実際に実行する課題内容と合致した視覚特性をもっていたからである。

不確かな目撃証言が、不当な有罪判決の原因になることは多い。その証言は、いわゆる「変化盲（change blindness）」によって起きることがある。変化盲とは、変化が起こっているのにその部分から注意をそらされることで、大きな変化が見逃されるという現象だ。窃盗の動画を観た実験参加者は、たまたまその動画に映っていただけの人を、誤って犯人と特定する場合がよくあることが、実験で示された。こんな筋書きを思い描いてほしい。あなたは人物Aが店に入ってきて、大量の箱の山の陰に消えたのを目撃した。その箱の陰から別の人物Bが出てきて商品を盗んだら、あなたが人物Aを泥棒だとみなしてもおかしくない。

自分自身で変化盲を実験するのは簡単だ。まず、リビングルームの写真を撮ってから、椅子を1脚どける。それから、まったく同じ場所の写真をもう1枚撮り、2枚の写真をコンピューターにアップロードする。それぞれの写真を順に開く際、2枚の間にちょっとだけ空白の画面を挟む。この写真を誰かに見せても、その2枚の違いはなかなか見つからないだろう。だが、間に空白画面を挟まずに2枚の写真を見せれば、おそらく違いはすぐに指摘されるはずだ。画像内で興味を引く部分に起きる変化は、見つかりやすい。たとえば、写真の中央の人物がその位置を変えた場合は、簡単に見つかる。インターネットで検索すれば、多くの変化盲の例が見つかるだろう。

変化盲によって、車の運転も晴れの日より雨の日のほうが難しくなる。雨のせいでほかの道路利用者が見えにくくなるだけでなく、フロントガラスの雨粒やワイパーも、交通状況の変化への反応を鈍らせる視覚的混乱の原因となる。

わたしたちがときどき見逃してしまう変化の種類には、驚くばかりだ。特に評判の悪い実験がある。実験参加者は、あるカウンターに行って何らかの申込用紙に記入し、それを提出するよう求められる。カウンターの向こうの人物はパンフレットを取るためにかがみ、一瞬、視界から消える。その後、まったく別の人物がその場所に立ち、参加者にパンフレットを渡す。参加者の75%がこの人物の入れ替わりに気づかない。だからあなたも、部屋に入ってきた恋人から「ちょっと、どう思う?」と聞かれたのに、彼もしくは彼女の外見の変化にまったく気づかなくても、そんなに気にすることはない。だって、責任は……。

映画監督は変化盲を好む。視聴者には、ストーリーに引き込まれるような体験をしてほしい。そのためには、あるシーンから次のシーンへの流れをスムーズにして、視聴者を戸惑わせる変化が起きないようにしなければならない。カメラ位置の突然の変化を気づかれるなどということは、絶対に避けたい。視聴者にはあたかもその場面の一員であるかのように、映画を体験してもらいたいのだ。だが、観ているシーンが突然変わったら、そんな思い入れもぶち壊しになるだろう。ありえないと思われるだろうが、映画では実際によく起こる話なのだ。おなじみのハリウッド映画には１０００～２０００箇所ほどの編集が施されている。つまり、約３～５秒ごとに新たなショットが入っているのだ。

映画監督は、変化に邪魔されることなく、観客にスムーズな視聴体験を約束するものとして、多くのルールを編み出している。それは連続性（保持）編集のルールとして知られており、業界の監督や映像編集者なら誰でも熟知しているものだ。映画でカメラ位置の変化を隠すのは容易ではない。カメラ位置が変化すると画像は完全に変わり、その変化はこの章の例で見てきたような小さな変更では済まないからだ。視聴者は積極的にストーリーを追うので、複数のカメラ位置による変化の類いは気に留めない。このことを映画監督は賢く利用する。180度ルールと呼ばれるものがあるが、それはあるシーンを複数のカメラで撮影する際は、各カメラの配置が180度のラインを越えないようにすれば、心地よく継続的な視聴体験が生まれるというルールだ。このルールに従えば、そのシーンの登場人物の互いの位置関係は変わらない。たとえば、主役級の二人が会話をしているシーンを思い浮かべてほしい。画面のなかでそれぞれが同じ側に居続けるなら、別のカメラに切り替えても何の問題もない。この立ち位置が変われば視聴者は混乱し、視聴体験は台無しになるだろう。

また、一つのシーンのなかでのクローズアップも可能だ。最初はロングショットで撮り、徐々に被写体に寄っていくというシーンは多い。これは、視聴者を文字どおり映像に引き込む。ただし、この技が問題なく使えるのは、そのシーンの構成に大きな変化がない場合に限る。視聴者はストーリー展開に集中するので、クローズアップのような変化には注意を向けることはできないだろう。

こうしたルールに実際に信憑《しんぴょう》性があるかどうかという研究は、ほとんどなされていないが、わずかながらこんな調査がある。実験参加者に映画を観てもらいながら、カメラ位置の変化に気づくごとに、それを書き留めてもらうという調査だ。結果は、連続性編集のルールに従っていない場合は、視聴者はより変化に気づきやすいというものだった。セリフの途中での変化は気づかれにくいが、それは視聴者が懸命に聞き耳を立て、ストーリーに関わる会話の意味をつかもうとしているからだ。

変化盲に関するほかのルールも、どうやら映画制作に当てはまるらしい。たとえば、爆発シーンなど、視覚に大きく作用する現象が変化と同時に起きると、その変化は認知されにくい。ちょうど、間に空白の画面を挟むと、前後の二つの画像の違いに気づきにくく、同一に見える例と同じだ。

もう一つのよくある手口は俳優の視線の利用だ。たとえば、俳優が画面の外にある、いわくありげなものを見ているとき、たいていの視聴者は「あの俳優は何を見ているのか」としきりに探ろうとするので、画面に車が入ってきたりする変化を見逃す。これは、向かい合って話している二人の俳優の位置交代も容易にする。意識している人物が見つめている方向に自分も視線を向けるのは、それがいわば最もそそられる視点だからだ。

だから、あなたが放射線科医だろうとセキュリティチェックの担当者だろうと映画監督だろうと、人はこの世で自分が注意を向ける小さな一点しか利用していないという事実に向き合わねばならない。だが、わたしたちはその注意をどう導くのか？　どうやって、どの対象がさらなる探求にふさわしいと決めるのか？　次章では、わたしたちの内的世界と外的世界の間で延々と繰り広げられる、注意を巡る戦いについて考えていこう。「それでは皆さま、アテンション・プリーズ」。

第4章

グラストンベリー・フェスティバルで自分のテントを見つけるには

――あらゆる場所をくまなく探して

さて、想像してほしい。あなたはイギリスのグラストンベリー・フェスティバル[*1]に初めて参加している。ひと晩中、踊り続けていたが、そろそろ地平線から太陽が昇ってきた。ひと眠りしようとキャンプ場まで戻ることにする。だが、一つ困ったことが起きた。どこにテントを張ったか、まったくわからないのだ。もちろん、このキャンプ場に13万5000人の参加者がテントを張っているのは知っているが、この一大事に至っても、当初は自分の記憶は確かだという自信があった。「テントの位置情報を示す便利なアプリをダウンロードしておけ」と友人らからアドバイスされていたのに、あなたはそんなもの必要ないと思っていた。今、その助言に従わなかったことを後悔している。幸い、テントが緑色だということは覚えている。そこで、うまい作戦を考えついた。街灯によじ登れば見晴らしがきくから、キャンプ場を眺め回して自分のテントを探せるだろう。

あなたはキャンプ場のどこにテントを張ったのか、そのおおよその場所すらわからないので、いったいどこから探し始めたらいいかもわからない。おぼろげにでも見当をつけられれば、せめてその辺りを集中して探すこともできただろう。だが、そんな手がかりはないので、キャンプ場全体を調べていくしかない。一つの方法として、左から右へとテントを一つひとつ確かめていくという選択もあるだろう。テントが１０００張りあるとして、あるテントが自分のかどうかを確かめるのに1秒かかるとしたら、探索にかかる時間は長くても１０００秒だ。だが、あまり効率的な方法とはいえない。何しろ、あなたはテントの色という役立つ情報を手にしているのだし、ほかのテントが全部、自分のテントと同じ色ということもないからだ。

テントは緑色なので、ほかの色は無視して緑色のテントだけに絞って探すことができる。それにしても、どんな作戦を立てればいいだろう。この疑問に答えるには、実験室では視覚探索がどのように行われるかという話が役に立つかもしれない。実験では、実験参加者は特定の対象物（目標刺激）を、その他の対象物（妨害刺激）を含む視覚的環境のなかから探し出すよう求められる。通常、参加者はただ一つしかない「変則的」な物を探し、妨害刺激のなかにそのただ一つの物を見つけた瞬間に、ボタンを押すことに

＊1　世界最大級の野外ロック・フェスティバル。

なっている。反応時間は、探索画面が現れてから参加者がボタンを押すまでの時間である。

例として図4・1Aを見てほしい。ある探索画面の図だが、薄い色のテントが変則的な物、つまり目標刺激だ。この図には三つの妨害刺激も含まれている。だが、あなたの注意は即座に薄い色のテントに引きつけられるだろう。違う色がついていることが、いわゆる「ポップアウト効果」を生んでいる。薄い色のテントは、文字どおり画面から「ポップアウトして(飛び出して)」いる。変則的な物をまだ探そうともしていないうちから、注意はそこに向けられる。赤いサンタクロースが緑色の助手の妖精の群れのなかで簡単に見つかるのも、これが理由だ。変則的なサンタは探すまでもなく、すぐに居所がわかる。どうやら脳は、世の中のほかのものから外れた情報に、すぐさま注意を向けるようプログラムされているらしい。広告主はよくこれをうまく(きわめて刺激的に)利用して、変則的に動くもの(たとえば犬)を、サッカー競技場のディスプレイ広告に使ったりする。

ありがたいことに、あらゆる物が人の注意をすばやく捉えられるわけではない。そん

A

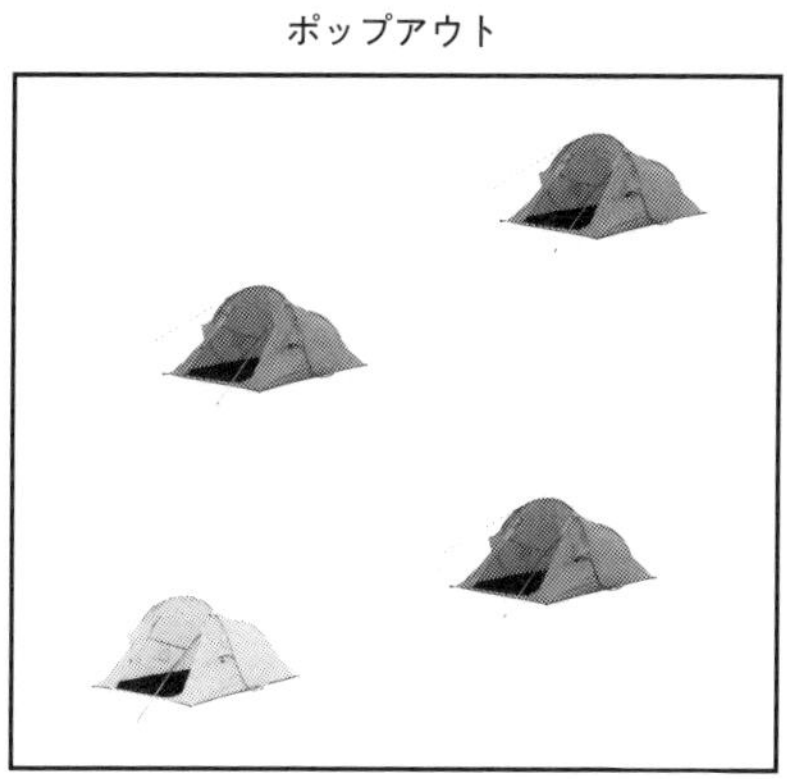

B

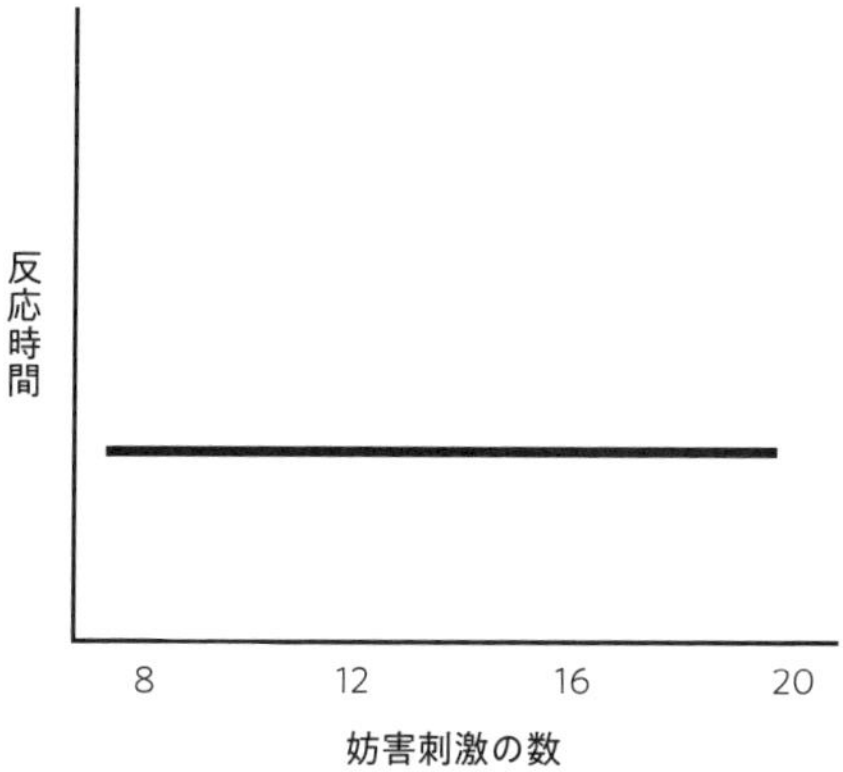

図4.1　ポップアウト探索

なことになれば、わたしたちは何にしろ、なかなか集中できないだろう。では、どの物体がポップアウト効果をもたらすのか、それはどうやってわかるのか。この疑問にお答えするために、ユトレヒト大学でわたしが行っている、1年生の心理学の講義に皆さんをご招待しよう。ご心配なく。期末テストはない。それでも、ある物がポップアウト効果をもたらすか否かを、われわれ科学者がどう実験で明らかにするかがわかれば、日常生活に応用できて便利かもしれない。また、わたしがそうした実験から情報を得ようとするのは、それによって、以下のことを説明できるからだ。なぜ顔は特別なのか、なぜ空腹な人の注意は自動的に食べ物の絵に引きつけられるのか、なぜ蜘蛛《くも》は不安な人の注意を引くことが多いのか。

では、講義を始めよう。たとえば、キャンプ場にテントがたった1張りしかない場合を考えてみよう。この場合、テントは探すまでもなく見つかるだろう。したがって、テント発見に要する時間はキャンプ場内のテントの数によるのだという結論に、君たちは飛びつこうとするかもしれない。大半の状況ではそのとおりだが、「ポップアウト」の場合は違う。前ページの図4・1Bのグラフを見てほしい。縦軸は実験参加者の反応時間を、横軸は画面上の妨害刺激の数を表している。８人の参加者に四つの別々の条件で（妨害刺激の数を8、12、16、20として）30回の探索をしてもらうとしよう。そのうちの20回には目標刺激を挿入しない。そうしておけば、参加者が何かが画面に現れるたびにやみくもにボタンを押しているわけではなく、ちゃんと目標刺激を探しているかどうかが確認できるからだ。そして、反応時間の平均を算出し、グラフ化する。

ポップアウトの場合、反応時間は妨害刺激の数に影響されなかった。つまり、四つの条件下で反応時間はすべて同じだったのだ。妨害刺激の数に関係なく探索関数の勾配は0にとどまる。濃い色のテントがどんなにたくさんあっても、自分の薄い色のテントはいつでもすぐに見つかるということだ。だから、７月４日の混雑のなかでお子さんを迷子にしたくなかったら、赤と青の服ではなく、オレンジと緑の服を着せて目につくようにするほうがよろしい。[*2] もちろん、皆が同じことを思いつかない限りはだが。

では、なぜ妨害刺激の数はまったく影響しないのか。これまで、何かの正体を突き止

＊2　７月４日はアメリカの独立記念日で、星条旗をモチーフにした赤や青の服を着る人が多い。

めるためには、注意が必要だということを考察してきた。ポップアウトの場合、視覚系は注意に頼らずに、ある独特の「組み立て用ブロック」を見つけることができる。脳はその対象が何なのか、最初は正確にはわからないが、そこに変則的な色や形を伴う「何か」があることはわかる。だから、注意はほぼ一瞬で、独特の対象に引きつけられるのだ。

さて、ちょっとテントの話に戻ろう。残念ながら、あなたのテントは独特の色ではないので、ポップアウト効果にはつながらない。ポップアウトとは無関係の場合、探索の結果はどのようなものになるのだろうか。この場合の目標刺激は、独特の色といった変則的な唯一の「組み立て用ブロック」によっては特徴づけられないが、その代わり、さまざまな「組み立て用ブロック」による、いわゆる結合から成り立つ。例として図4・2Aを見てほしい。目標刺激は灰色のTで、この色と形が結合しているのは唯一これだけなので、独特といえる。ほかにもTはあるが、色はすべて黒だ。また、ほかにも灰色の文字はあるが、Tではない。だから、目標刺激を見つけるためには個々に文字を調べなくてはならない。ある文字に注意を向け、それが目標刺激か否かを見きわめ、目標刺

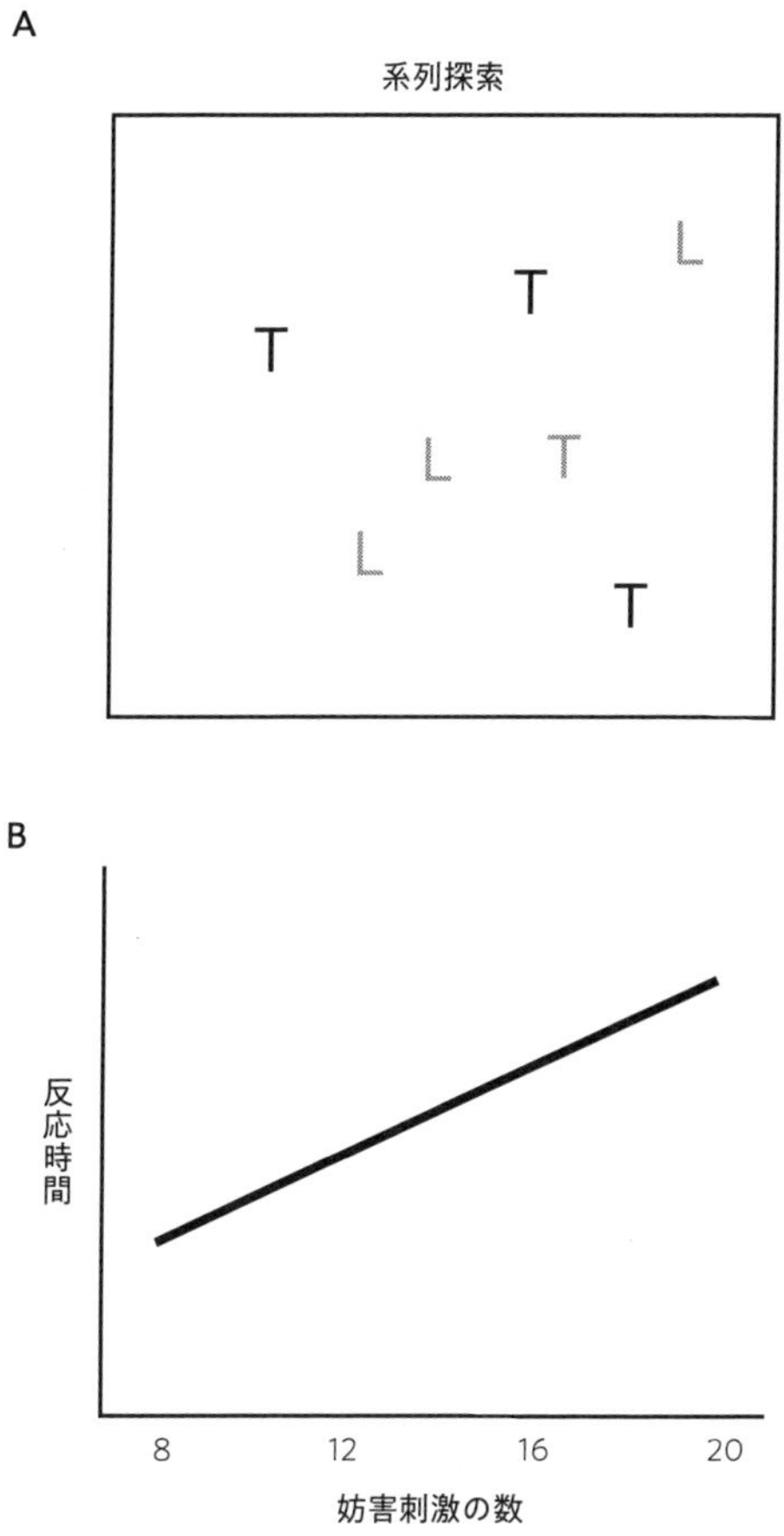

図 4.2　系列探索

激が見つかるまでこれを続けることになる。これを系列探索と呼ぶが、この場合は探索関数の勾配は0ではなく、50ミリ秒となるだろう（図4・2B参照）。つまり、妨害刺激が一つ加わるごとに反応時間はおよそ50ミリ秒増加するということだ。

ポップアウト探索（あるいは並列探索）と系列探索には違いがある。系列的な処理とは違って、ポップアウト探索は注意が「自動的に」ある物体に引きつけられる処理のように思われる。だが、それは本当に自動的な処理なのだろうか。これは実に重要な問題だ。もし本当に自動的処理なら、ポップアウトに対してわたしたちは注意を制御できないという話になるからだ。それではまるで、人は皆、注意のシステムの奴隷だというふうに聞こえるかもしれない。だが同時に、その反射がいかに重要かも、正しく評価されなければならない。進化という観点から見れば、突進してくるライオンに瞬時に注意が向くことはとても重要だ。

ここまで考察してきた種類の探索では、こちらからも変則的な対象を探しているので、ポップアウトが自動的に注意を引くか否かについてはわからない。もちろん、対象がわたしたちの注意を引くことは歓迎だ。それこそまさに、わたしたちが探ろうとしてきたことだから。だが、ポップアウトが反射か否かを明らかにするには、目標刺激ではなく妨害刺激が独特である場合に、何が起こるのかを把握せねばならない。あなたがテントを探しているとき、突然、救急車がキャンプ場に入ってきたらどうなるか？　救急車はあなたの注意を自動的に引きつけるのか？　その答えは、この講義の第二部でもたらされる。ここから始まる第二部では、わたしの博士課程の指導教官である、アムステルダム自由大学のヤン・テーウェス教授が行った実験について考察しよう。その実験では、実験参加者は変則的な形をその他の形の集団のなかから見つけるよう求められる（115ページの図4・3の四角のなかの丸のように）。実験に用いられる形の色はすべて白だが、探索課題の半分には独特の妨害刺激が含まれている。この場合は、灰色の四角だ。この妨害刺激はほかの妨害刺激と同じ形をしているが、目標刺激も含めた画面上のどの形とも違う独特の色をしている。色は形に比べて強力な「組み立て用ブロック」なので、形にまつわる情報よりも色にまつわる情報のほうが、先に処理されることが知られている。この場合、変則的な色をもつ妨害刺激は、唯一の形より強力だ。だが、実験参加者が積極的に探しているのは唯一の形のほうだ。だとすれば、妨害刺激である色は無視できるはずではないだろうか。

答えはノーだ。もし、独特の見かけの妨害刺激が存在しないなら、目標刺激の独特な形はポップアウト効果を生み、その形はたやすく人の注意を引くことができる。だが、そこに一つしかない色が存在する場合は、目標刺激を探し終えるまでにより時間がかかるだろう。実際はその唯一の色を探していたわけではなくても、単にその存在から逃れられないのだ。たとえ、事前にその図のなかに妨害刺激となる色が加えられていることや、どの色が妨害刺激になるのかを知っていたとしてもだ。それどころか、長時間連続で探索を繰り返したとしても、その妨害刺激の色を無視することはできないだろう。唯一の色という情報は、あまりに強力なので、常に注意を引きつけるのだ。つまり、こう結論づけられる。ポップアウト対象に注意が引きつけられるのは自動的処理であり、それは自分では制御できない。人には生来、新しく独特な情報に自動的に反応する反射が備わっている。動物たちが狩りをする際、こっそりあとをつけるやり方が成功するのもこの理屈による。獲物のあとをつける動物は、相手の注意を引かないようにするので、気づかれずにそっと忍び寄ることができるのだ。

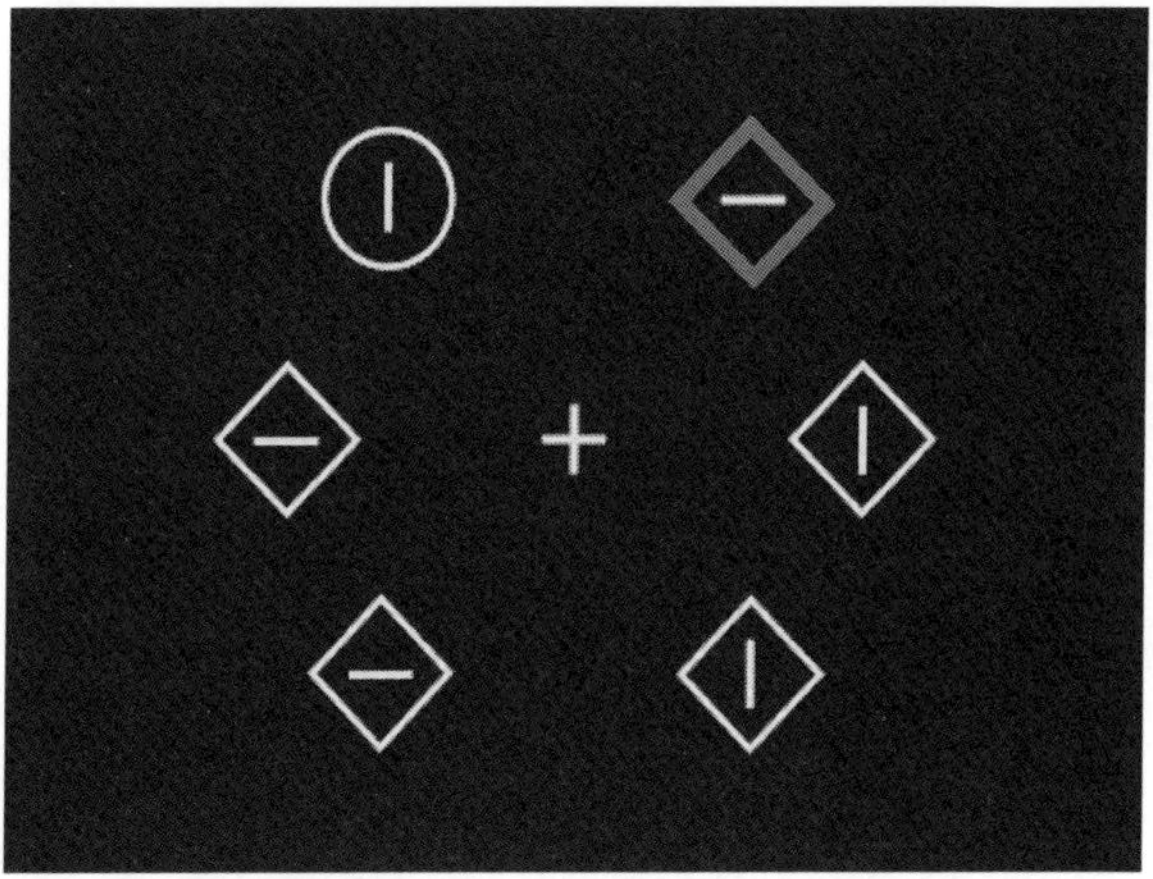

図4.3　注意捕捉

人の注意を強く引くには、いきなり何かを登場させるのが一番だ。強力に注意反射を作動させるものは、新たな対象をおいてほかにない。わたしたちがなぜこのように進化してきたかは、容易に理解できる。不意に現れるものには危険性がある。同様に、急に姿を消すものに注意を向けるのも当然だ。変化盲の実験のように注意が別の対象によって妨害されないなら、対象の新たな出現や突然の消失といった大きな変化は注意を引くものだ。

知覚とポップアウトが密接に関連していることはすでに理解してもらえた

だろう。目立つ対象はたいてい自動的に注意を引く。対象が知覚できる場合も、対象が自動的に注意を引く場合も、その程度は周辺環境に多少は左右される。だから、鮮やかな色の物なら自動的に注意を引きつけるというのは、決して当然の事実ではない。新刊本に色鮮やかな表紙をつけるというのは（わたしもそれをやろうとしたが）、一見よい考えのように思えるが、似たような派手な色づかいの本であふれる書棚にあっては、たいして効果はない。ウェブサイトの点滅するバナーも確かに注意を引くにはよい方法だが、多彩な点滅バナーやビデオクリップが注意の争奪戦を繰り広げているなら話は別だ。効果的な広告とは、その場にふさわしいものだ。賢明なアテンション・アーキテクトなら、ウェブサイトの視覚特徴を予測し、それに合わせて自動的に広告を調節するようなアルゴリズムを開発するだろう。

　ユーザーの注意を適切な場とタイミングに誘導するシステムを設計するなら、以上の話は頭に入れておかねばならない。たとえば、飛行機のコックピットには、パイロットの注意を引く目的で複数のランプが取りつけられている。その意図は単純だ。ランプを点滅させて、パイロットの注意を確実に重要な情報に引き寄せる。だが、問題はある。

コックピット内の点滅ランプの数が多すぎるせいで、パイロットが肝心な視覚情報を見逃すことがあるのだ。複数の研究によれば、コックピットやそれと似た複雑な環境では、注意を喚起する物をどう置くかが成否の決め手になるという。ある緑色のランプが自動操縦状態の変化を感知して点滅するとしても、まわりにたくさんの緑色のランプがあれば、それは簡単に見落とされるかもしれない。だが、そんなことがないなら確実に機能するだろう。

どういう物に注意を引かれるか、多くの場合、その制御はほとんど自分ではできないが、注意には多少は制御可能な別の側面もある。ある対象からすっと注意を外すことはできるのだ（これは「注意解放」ともいう）。空間のある一点に集中していても、まずその場所から注意を解放すれば、別の場所に注意を移すのは可能だ。その速さは、何かが注意を引くすばやさとよく混同される。オランダでは大半の人が知っている、ある評判の悪い広告看板の例を挙げよう。主要幹線道路沿いに、女性の尻の写真が掲げられたことがあった。この広告は（男性）ドライバーの気を散らす懸念があると、大騒ぎになった。この懸念に根拠はあったかもしれないが、注意散漫を引き起こす可能性があるのは、この特殊な広告が、たとえばある政党のただの選挙スローガンの広告と比べて、より強力に注意を引きつけるからではない。女性の尻には、注意を自動的に引きつけるのに必須の、視覚的な「組み立て用ブロック」は含まれていない。その色や形は、たとえば選挙スローガンの色や形より目立つわけではない。注意散漫が起きるのは、この手の広告から男性の注意を解放するのが難しいからだ。どちらの広告も、ドライバーの気を大いに引きそうだが（暗い夜の道路を走行していて、明るく輝く広告板が目に入る場面を想像してほしい）、いったん女性の尻だと認識したが最後、ドライバーがその広告から注意を解放するのはかなり難しいだろう。視覚系は女性の尻を「見て」はいなかったが、注意が実際にその箇所に移って初めて、そうと気づいたのだ。

メッセージをうまく伝えられるかどうかは、二つの要素の組み合わせにかかっている。視覚的な「組み立て用ブロック」を通じて、メッセージが注意を引くこと。そのうえで、メッセージの存在する場所に相手の注意を釘づけにすること。1番目の要素については普遍的なルールを定めることは可能かもしれないが（まさに本書はそれをしようとしているのだが）、2番目の要素については、心理学上のまったく別の問題がある。

人は何に興味を覚えるのだろうか。これは個人差が大きくものをいう問題だ。誰もが女性の臀部《でんぶ》を見て興奮するわけでもあるまい。ここはまさに、市場調査会社や広告代理店の腕の見せどころだ。彼らはターゲットになりうる集団の注意を引き、その注意を釘づけにしておくには何が必要かをよく心得ている。女性のお尻にまったく興味のないターゲット集団の注意を引くのに、そんなものを利用する無駄についてもわかっている。読者の皆さんのなかにも、同じくそんなものに興味はないという人もいるだろう。ご安心を。これ以降、本書で女性のお尻についての言及はない。

さて、仮にあなたは蜘蛛が怖いとしよう。ということは、蜘蛛は自動的にあなたの注意を引きつけるのだろうか。ここ数年で、どんなものが注意を自動的に引くのかを立証しようとする研究の数が急増している。発端は顔の特徴に関するある研究だ。それにより、顔というのは独特の存在であり、色や形と同様にポップアウト効果を起こしさえすることが証明された。わたしたちは顔を重要な社会刺激として見ているので、注意は自動的に顔に引き寄せられるのだろうということだ。だが、本当にそうだろうか。

ここで、先ほどの講義で学んだことが役に立つ。すでにわかっていることだが、ある対象がポップアウト効果を起こすか否かを証明するためには、妨害刺激の数に変化をもたせなければならない。数の変化によって、ある顔を探すよう求められた実験参加者の反応時間にどんな影響が表れるかを見るのだ。こうした研究により、顔は確かにポップアウト効果を起こしうることが示されたが、それは誠にめでたいことのように思える。なぜなら、間違いなく主要メディアが食いつく、すばらしい進化の物語をもたらすから だ(「顔は別格!」という見出しを想像してほしい)。ようやく、注意を扱うわれわれ科学者も、パーティーで「組み立て用ブロック」だの色だの形だのに関わるお決まりの辛口批評を受けずに、おもしろい話ができるというものだ。

しかし、喜ぶのはまだ早いだろう。とにかく社会的に重要だからといって、顔が別格だとどうして確信できるだろうか? ポップアウト効果は、色や形だけを根拠としては説明できないのか? たとえば、たくさんの灰色の四角形に囲まれたなかで、独特の対象として顔が示されるという状況を思い浮かべてみよう。その顔には色だけでなく、一つの三角(鼻)や二つの丸(目)といった、さまざまな形の要素がある。妨害刺激にはない、独特の視覚特性をたくさん備えているがゆえに、顔がポップアウト効果をもたらすのは事実だろう。進化とは何の関係もなさそうだが、「組み立て用ブロック」の独特の組み合わせに基づく説明はできる。それ以上でもそれ以下でもない話だ。

幸い、これまでのやぼったい「組み立て用ブロック」の説明が、妥当かそうでないかを証明するために多くの巧妙な方法が考案されている。その一つは、妨害刺激に顔の特徴と同じ「組み立て用ブロック」を与えはするものの、構成を変えるという方法だ。口が上にあって目が下にあったら、それは顔の形を成していないことになる。それでも、その形は顔と同じ視覚特性を備えており、ポップアウト効果をもたらすのだ。まあ結局、喜べる話なのだが。

とはいえ、この話のどこが蜘蛛と関係するのだろうか。特に小さな生き物が怖い場合は、蜘蛛にも自動的に注意を引かれる。これは人によって異なり、独特の色や形、あるいは顔が注意を引きつける場合とは違う。蜘蛛恐怖症（アラクノフォビア）の人だけが、目下の環境で特に注意を向けずとも自動的に蜘蛛を発見する、特殊な感知メカニズムをもっているのだ。もし、これが進化によって仕組まれたシステムの一例ならば、なぜ蜘蛛はひと握りの人たちにだけ、そのような作用を及ぼすのか、という疑問が生じる。人による違いの理由を説明しようとするおもしろい理論がある。生来、不安になりがちな人は、そんな必要はなさそうな状況でも、常に身のまわりに危険なものはないかと探している。だから、実験室のように比較的安全な環境にあっても、彼らは危険にすばやく反応するのだ。あまり不安を感じない人と違って、彼らの特殊な感知メカニズムは常に「スイッチオン」の状態だ。はるか昔にさかのぼれば、このようなメカニズムは人間にとって非常に有益だったろうが、この現代社会においてはほとんど価値はない。むしろ、有害とさえ考える科学者もいる。不安障害にかかっている人たちは、常に警戒態勢を緩めない。彼らは世の中を危険な場所として体験し、注意の容量の大部分を費やして常に周囲を監視している。その不安は、落ちついて集中した態度で課題をこなす能力を低下させ、マイナスの結果を生む。

もちろん、正真正銘の危険な状況では、このような感知メカニズムは非常に役立つだろう。たとえば、痛みを感じそうな何かに、自動的に自分の注意が引かれるならありがたい。不安障害にかかっていない人に、赤い丸のような当たりさわりのない物を見せ、同時に電気ショックを与えるという条件づけをした場合、その後、どんな実験であろうとその人の注意は自動的に赤い丸に向けられる。たとえしばらくの間、ショックを与えられなかったとしてもだ。

どうやら、ポップアウト効果は、単純で変則的な「組み立て用ブロック」だけでなく、非常に複雑な対象によっても引き起こされるらしい。たとえば、食べ物の載った皿は、自然に空腹の人の注意を引くことが知られている。視覚系は、自分の興味という枠組みのなかで、世の中を観察するようにできている。それは、空腹時の食べ物だったり、蜘蛛恐怖症の人にとっての蜘蛛だったりする。空腹時に何かに集中する難しさは、誰もが知っている。それは心的に空腹に集中しているからだけでなく、食べ物を求めて周囲を探り始めているからだ。わたしの個人的な話だが、空腹でパーティーに出席しているときに、部屋のあちこちで料理の皿が行き交っていると、どうしても相手との会話に集中できない。

複雑なものならすべて、人の注意を自動的に引きつけられるというわけではない。顔が自動的に注意を引くことはすでにわかっているが、このポップアウト効果の程度は、誰かほかの顔でもあなた自身の顔でも同じくらいだ。だから、あなた自身の顔がほかの顔以上の引力をもつわけではない。だが、どの程度、容易に注意を解放できるかという点が違う。自分自身の顔は興味の対象であり、そこには注意が「くっつく」傾向がある。もちろん、それは驚きという効果のせいとも考えられる。わたしたちは自分の顔を鏡以外で目にすることはまずないし、実験室での実験で自分の顔を見るとはまったく予期していないからだ。自分の顔に、強力なポップアウトをもたせる進化上の利点があるとはあまり思えない。しょっちゅう自分自身にばったり出くわすわけでも、自分のドッペルゲンガー[*3]が実際に脅威を与えようとするわけでもないからだ。自分の顔に注意がくっつくのは、自動的に鏡を検出して、それにぶつからないようにするためのメカニズムが働いているにすぎないのかもしれない。

　話が脱線した。そろそろ、グラストンベリー・フェスティバルのテント探しの件に戻ろう。あなたはまだ、街灯にぶら下がったまま、テントを探している。何としてもひと眠りしたい。テントの色がわかっていることは、発見に役立つだろうか。答えはイエスだ。目当てのテントが緑色だとわかっているなら、あらゆる緑色のものに集中して、それが求める対象かどうか一つひとつ確かめていけばいい。この場合の探索時間は、目標刺激とは「異なる色の」妨害刺激の数には影響されない。さらに前提として、そのテントの緑色はほかのテントと十分に区別できるような色合いだということにしよう。もし、あなたのテントの色に近い緑色のテントがたくさんあるなら、探索の効率は落ちるだろう。そこで、この例がうまく機能するように、テントの色の違いはすべて簡単に見分けられるという前提に立つことにする。

キャンプ場内を探しながら、あなたの注意は随意的に一つの場所から次の場所へと視覚世界を移動する。「随意的に」というのは、いつ、どのように注意を移動させるかはあなたの自由だという意味だ。たとえば、ある場所で何か重要なことが起こりそうだと判断すれば、注意を移動させればよい。そのとき、街灯にぶら下がっているあなたに、友人から電話がかかってきたとしよう。その友人は、「今、公衆トイレで歯を磨いているけど、トイレから出たら君にテントの方角を教えてあげられる」という。あなたはすでに、その公衆トイレの建物を見つけているので、トイレの入口に注意を移動させ、友

＊3　自己像幻視。自分自身の姿を自分で見る幻覚、あるいは自分とそっくりの分身のこと。

人が出てきたらわかるように、そこに視線を集中させる。これで、絶対に彼を見つけ損なうことはない。

実験からわかっているのは、注意を向けられた場所に対象が現れれば、よりすばやく効率的にそれを処理できるということだ。次に示すのはその実験のうちの一つだ。実験参加者は十字の印を見るよう求められる。十字の両側には二つの四角形が描かれている。目標刺激（たとえば丸印）は二つの四角形のうちの一つの内側に現れる。参加者は丸が現れたらできるだけすばやくボタンを押さねばならない。目標刺激が現れる直前に、矢印が十字の上に映し出される。この矢印は左か右かのどちらかを指し、75％の確率で丸が現れるほうの四角を指す。残り25％については、矢印は当てにならず、目標刺激は反対側の四角に現れる。参加者はこの矢印の情報を無視して、ひたすら十字の印に集中する方法もとれる。だが、成功報酬への期待や単に早く帰りたいという動機から、実験でよい成績を出そうとすると、矢印を頼りに目標刺激が現れる確率が高いほうの四角に注意を向ける。実験の結果、矢印で指された四角に目標刺激が現れる場合のほうが、逆側の四角に現れる場合より、参加者はすばやくボタンを押していた。

このような注意のシフトは「手がかり提示」として知られている。注意は外界の情報によってシフトする。人はよく知らない建物でトイレの場所を探すとき、その方角を示す矢印に従うだろう。これは随意的手がかり提示と呼ばれるものの一例で、人はその矢印（つまり「手がかり」）を無視するという選択もできる。だが、ポップアウトの実験から、注意は不随意的に（本人の意思には関係なく）引きつけられることは明らかだ。その自動的な注意のシフトを調べたいなら、実験参加者が無視できないような手がかりを設定する必要がある。先ほどの実験だと、目標刺激が現れる直前にどちらかの四角を一瞬光らせればそれができる。参加者の注意はポップアウト効果の場合と同様に、自動的にその四角に移動するだろう。この注意のシフトが純然たる自動的なものだと保証するためには、その手がかりが必ずしも目標刺激の現れる場所を示すわけではないことが重要だ。これに対して、矢印は75％の確率で、目標刺激の出現場所の正しい情報を伝える。自動的な手がかりのほうは、50％の確率しかない。つまり、こう考えて間違いない。実験参加者は、光る四角という手がかりに基づいて注意を随意的に移動させているわけではない。そんな手がかりに随意的に従うのは、課題を行う助けにならないので意味がないからだ。

わたしたちの注意のシステムは常に、新たな情報がないか見張っている。そのメカニズムは、すでに注目したことはあるが、重要な情報はなかった場所を把握している。要するに、注意はじっとしていられないのだ。たとえば、ポップアウト効果という自動的な手がかりは、ほぼ一瞬で（たいてい100ミリ秒以内で）人の注意を移動させる。これは反射行為と同等のすばやさだ。何ごとかを周辺視で捉えたら、その出来事を知るためにできるだけすばやく注意をシフトするのが、反射行為だ。しかしながら、注意が自動的に引かれた地点で生じた急速な処理は、長続きはしない。もしも手がかりが現れた時点と目標刺激が出現した時点で200ミリ秒以上の時間のズレがあれば、その手がかりが与えられた地点での急速処理はすでに終結しているだろう。実際のところ、手がかりが提示された地点での視覚情報に対するそのあとの反応は、確実に遅くなるということだ。注意はすでに「その先に移っている」からだ。見るべきものが何もない場所に、注意をとどまらせておく意味はほとんどないため、これは非常に効率的である。この地点に再び注意を向けることは抑制される。なぜなら、いったん注意が離れてしまうと、手がかりがある地点に再び注意を戻すには、より長い時間を要するからである。

目標刺激が存在しない場所への注意を抑制することは、日常生活では非常に有効だ。たとえば、光の点滅によって注意が引かれた場所に実は何も重要な情報がなかったら、そこに再度、注目する意味はほとんどない。一番よいのはその場所を無視することだ。自動的な注意のシフトに基づいて、特定の場所への注意を抑制することで、貴重な注意をより効率的に割り振ることができる。

目の端に突然何かが現れたり変化したりすることでしか、自動的に注意は引かれないと、あなたは思うかもしれない。そんなことはない。画面の中央に現れるものに反応して、注意が自動的に移動するという状況もある。ひと休みして、以下の可能性を考えるのも有益かもしれない。画面の中央にどんな視覚情報が現れたら、あなたは自動的に（つまり、自分に何の影響も感じずに）注意を別の場所にシフトするだろうか。

最も有名な例は、図4・4（131ページ）に示した視線をそらせる顔だ。図式化された顔がよく使われるのは、ジェンダーや顔の特徴に意味をもたせないためだ。左を見ている顔の図を見れば、あなたの注意も自動的に左に引き寄せられる。たとえ、目標刺激の現れる位置が顔の手がかりによって予測されないとしても、あなたは顔が見ている方向に自動的に注意を向けるだろう（巻末の参考文献参照）。これについては簡単に説明できる。進化という意味では、誰かが見ている場所に注意を向けることはときに重要だ。相手は何らかの危険に気づいたのかもしれないし、そうであれば、その脅威に対してできるだけ迅速に反応したい。

アテンション・アーキテクトは、ウェブサイトやコマーシャルを制作する際、こうした知識を進んで利用する。ポップアウトの研究から、顔が自動的に注意を引くことはわかっている。この事実と、注意は必ず人の目線の方向を追うという知識を組み合わせれば、視聴者の注意を操るのはいとも簡単だろう。たとえば、実験参加者の注意を特定のブランドのロゴマークに引きつけたいなら、そのロゴのほうを向いている顔をしかるべき位置に据えればいい。人が注意をそこに移す可能性はぐんと上がる。だが、顔の存在がメッセージ伝達に悪影響を与えることもある。たとえば、夜のニュースのような多くのテレビ番組では、背景に複数の顔が出ていることが多い。視聴者は顔に注意を引かれ、ニュースキャスターに集中しなくなる。さらに、背景の顔がそっぽを向いていれ

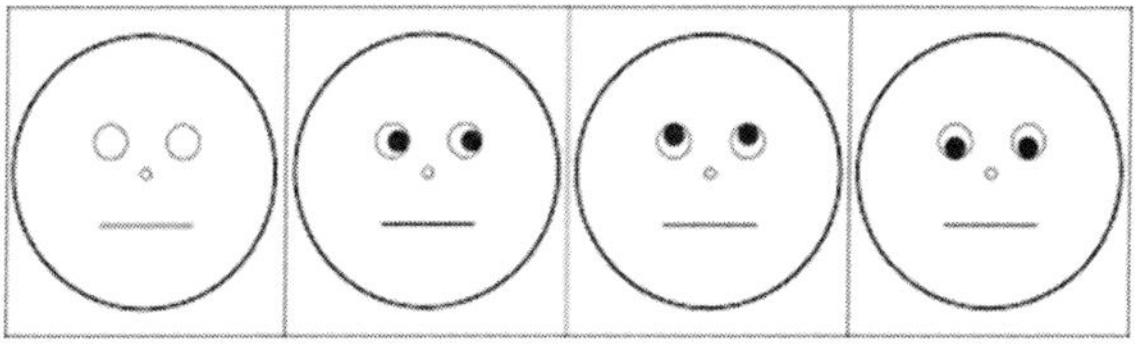

図4.4　顔の手がかり

ば、ますます支障は出る。だから、背景の顔は必ず望ましい方角に向けるのはもちろん、タイミングよく登場させることも、とても重要だ。

このような注意は「社会的注意」ともいわれ、一つの強力な社会的構成要素をもつとされている。相手の目の動き（左か右か）が意味することを把握するには、他者との社会的関係がなくてはならない。この考えは、自閉症の子どもたちには顔の手がかりが機能しないという研究結果から支持されている。彼らは、顔の手がかりが示す方向に注意をシフトしない。それは、自閉症の子どもは他者と社会的関係が築けないことによる。そのため彼らには、相手の視線の方向に突然の変化が起こるということがわからない。相手はすでに、周辺視で何か重要なことを捉えていたということも。生後３カ月の赤ん坊にさえ予想どおりの結果が見られることを考えると、この事実は注目に値する。自閉症との関連から、男性は女性よりも顔の手がかりへの反応が薄い理由が説明できるかもしれない。研究によれば、一般に自閉的特性は女性よりも男性に出現しやすいからだ。

顔の感情表現もまた、次のような顔の手がかりにおいて重要だ。ユトレヒト大学のデイビッド・テルブルクらは顔の手がかりに影響する感情効果について、幅広い研究を行っている。それによれば、実験参加者が目で追いがちなのは、喜びの表情よりも恐れの表情が指し示す方向だという。人は恐れの表情という顔の手がかりに従って、注意を移動させる傾向が強い。他者が恐れているのが何であれ、当然、その人が見ているものに関係すると思うからだ。これは、顔の手がかりを追うのは危険感知能力に関する進化の結果だという、さらなる証拠だ。

それだけではない。どの程度、顔の手がかりに従うかは、その人の政治的志向によるという研究まであるのだ。その見解によれば、右派政党を支持する人は個人主義的であるため、左派政党の支持者に比べて他者の影響を受けにくいという。この研究は、アメリカの保守傾向の有権者とリベラル寄りの有権者との比較で行われた。その結果、顔の手がかりは、保守的な考えの人よりもリベラルな考えの人に有意に影響を与えた。どうやら、個人主義思想は他者への追随を難しくさせるようだ。バラク・オバマのような「左派」のイメージが提示されると、実験参加者は自動的に左に注意を向けるという研究結果まで表れた。ある人の顔を見たとき、その人と空間的な位置との連想が活発になることがある。つまり、左派の人を見ると、視覚世界の左側が活性化するというわけだ。これが自動的に起きるという事実は、客観的なイメージの研究に興味深い道を開いている。

こうした研究はおもしろいだけでなく、さまざまな事柄に関連してくる。わたしたちがどのように情報を理解するかを、大いに語ってくれるのだ。実験参加者に「超高層ビル」や「自信」という単語を声に出して言ってもらうと、その単語が処理されるプロセスにおいて、彼らの注意は文字どおり上向きになる。この研究が示すのは、空間的側面を活性化することによって、わたしたちはそれらの単語を理解しているということだ。この活性化は特定の単語の理解に実際に必要なものなのか、それとも単なる副次的影響なのかははっきりしないが、それでも、わたしたちの内的な処理が外界と密接に関わっているのは明らかだ。

このような空間処理の好例が、数字の手がかりによる影響だ。「1」という数字は人の注意を自動的に左に向けるが、「9」という数字を見た人には逆の反応が起きる。実験では、実験参加者はその数に対して何もする必要はない。数字はただ、画面の中央に現れ、その後、目標刺激が左側もしくは右側に現れる。どうやら、人は数字の「1」を「左」と結びつけるようだ。それは、数字が脳内に示される、いわば「心のなかの数直線」のせいだ。数字を並べる場合、西洋諸国だと普通は左から右に並べる。ここで、あえて「普通は」ということばを使ったのは、違うやり方をする人たちもいるからだ。たとえば、1は上端で9は下端とする人もいる（この場合は数字の影響は縦方向に出る）。人は数字を見た途端に、それを処理する。脳内の数直線上でその数字が占める位置は活性化し、それに伴って、その位置に対応する空間内の場所に注意は移動する。

数字は特殊なケースであり、注意のシフトは数字と関係がない場面でも起こる。数字以外で空間的な順位を用いるもの、たとえば曜日、暦の月、アルファベットの文字などについても、実験参加者がそれらの単語を用いた課題遂行を求められたときだけ、注意のシフトは起こる。月曜日は週の始まりか終わりかと尋ねられたら、注意は自動的に左にシフトするだろう。だが、月曜日という単語を読むよう頼まれただけなら、そうはならないのだ。

先ほどの例で述べた、随意的な注意のシフトにおける矢印でさえ、完全に随意的な手がかりとは言い切れない。わたしたちは日常で多くの矢印を目にするが、矢印という画像の提示によって、その方向へのやや自動的な注意のシフトは活性化する。むしろ、完全に随意的な手がかりをつくるのは非常に難しい。丸のような特に意味をもたない物体でも、そこそこ長期間にわたって、目標刺激がたいてい左側に現れるということが正確に提示された場合、左への自動的な注意のシフトをもたらす。脳とは、常にまわりの世界に規則性を認めようとする学習システムなのだ。

外界で起こりうる危険を感知する能力と、日常の活動をうまく行う必要性との間の複雑な相互作用に、注意の移動は関わっている。注意は常にどちらかの方向に引かれ、さまざまな空間的つながりは周囲の世界への理解に役立つ。グラストンベリーでのテントの探索は決して楽ではないが、色や形や位置についての情報があればあるほど、テントはよりすみやかに見つかるだろう。最速で見つかるのは、あなたのテントのすぐ近くに自動的に注意が引かれるような、何かがある場合だ。そこに点滅光や旗を備えたテントがあれば、あなたの注意はどんぴしゃりの場所に引き寄せられるだろう。だが、そんな目印がないなら、あなたは長い夜を過ごす羽目になりそうだ。

第5章

視覚世界への入口

——目は思考を裏切る

先頃、オランダ政府は安全運転キャンペーンを開始し、ある男性が都会で車を運転する場面を描いたテレビ広告を発表した。男性はカーラジオから流れるレゲエのリズムに合わせて、首を上下に振っている。下を向くたびに彼はスピードメーターを確認し、上を向けば道路に目をやる。そして、歩行者が道を横断できるようブレーキを踏む。ナレーションが映像にかぶさり、彼の運転をこう褒め称える。「すごくいいね！ 市街ではよくメーターをチェックして、スピードの出しすぎに気をつけよう」。

このキャンペーンの目的は、密集市街地を運転するドライバーに頻繁にスピードをチェックしてもらうことにある。キャンペーンでは、以下の情報も強調される。都市部では、毎年、交通事故で歩行者や自転車利用者が少なくとも10人は死亡するが、そうした事故は、制限速度を最大で時速15㎞もオーバーする自動車運転によって起きている。加えて、200人が病院で手当ての必要な重傷を負っている。事故の多くの原因は、ドライバー自身が運転速度に気づかないことなので、政府はあの手この手で、ドライバーに車のスピードを気にしてもらおうとしている。

このキャンペーンのウェブサイトによれば、制限速度30㎞の区間を時速35㎞で走行した場合、ブレーキを踏んでから実際に車が停止するまでに、３・２ｍも余分に進んでしまうという。だが、頻繁にスピードメーターを確認して車の速度を調整すれば、こうした余分な制動距離を減らすことができる。ただし、このキャンペーンは称賛されているものの、ある重要な要素が考慮に入れられていない。それは、スピードメーターのチェックに要する時間だ。これまでの章の内容からわかるように、速度情報を処理するには必ず視線をメーターに向けねばならない。周辺視では情報は捉えられないのだ。すると、定期的にスピードをチェックするには、頻繁に視線を道路から移さねばならないことになる。そこで、ある疑問が生じる。それは安全なのか？　視線を動かしているときは視覚情報を頭に刻むことができないという事実を踏まえると、その状態では文字どおり目を閉じているも同然ということになる。また、メーターをチェックするのに視線を動かさねばならないだけでなく、メーターの情報を処理するのにも貴重な時間が費やされる。そんなことに気を取られている間に、路上の重要な情報を見逃すという、さらに大きなリスクが降りかかる。

さて、ここからは計算問題だ。スピードをチェックするには、視線をスピードメーターに向ける、情報を得る、そして視線を再び路上に向ける、という流れが必要だ。比較的大きな眼球運動には少なくとも120ミリ秒かかることが知られているが、この場合、そうした動きが2回もある。1回目はスピードメーターに向かう動き、2回目は路上に戻る動きだ。さらにメーターの情報処理にかかる時間も加算しなくてはならない。110ミリ秒ほどだろうか。すると、このすべてのプロセスにはおよそ350ミリ秒かかり、距離に換算すると、時速30㎞で走っていれば2・9m、時速35㎞で走っていれば3・4m前進してしまう。もし、あなたがスピードメーターに目を移した瞬間に誰かが道路を横切ったら、たとえ制限速度を守っていたとしても、2・9mも余分に制動距離が必要になるのだ。

政府の安全運転キャンペーンは、完全に裏目に出る可能性が高い。もし、このキャンペーン情報のせいで、普段から制限速度を守っているドライバーがさらに頻繁にスピードメーターを確認するようになれば、スピードの出しすぎよりももっと危険な事態を招きかねない。ドライバーは常に道路に目を向け、スピードメーターのチェックは最小限にするほうが、より安全と考えられる。聴覚情報はもっと有効だという好例もある。車の運転中の視覚系はほかの道路利用者の状況を追うのに忙しすぎるため、その他の重要な情報を処理するには、別の感覚器官を利用するのがより効率的だろう。目で何かほかのものを追っているときでも、人は聴覚信号を捉え、それを解釈することは十分できる。だが、電話は別だ。電話での会話は、思考も要するからだ。制限速度を上回ったときに単純な聴覚信号が得られれば、スピードを緩めることは十分できるし、視覚処理に何ら負担をかけることもない。

眼球運動から一つの問題が生じるという話でこの章を始めたのは、少し奇妙に思われるかもしれない。眼球が動くのは、そもそも目の周辺部の視力不足を補うためだ。わたしたちは日々、何千回と眼球を動かして、外的な視覚世界にある対象物の焦点を網膜の最も鋭敏な部分に当てている。六つの筋肉が驚異的なスピードで動き、この任務を行っているのだ。眼球の動きは、人間の可能な動きのなかで最も速いものの一つである。このスピードがきわめて重要なのは、ある瞬間に視覚情報が急に必要になってくるからだ。たとえば、道路の脇でぼんやりと動いているものが、横断しようとする子どもなのか、それとも風にはためくただの旗なのかは、できるだけすぐに知りたい。スピードが必要なのは、わたしたちは眼球が動いているときには視覚情報を処理することができないためだ。

眼球運動の大きさと注視時間の長さは、与えられる課題の性質によって異なる。読書の場合、普通は目の動きは小さい（幅でいうと8～9文字程度）だが、絵を見る場合は動きの大きさは倍になる。複雑な探索課題になると、より長い時間、注視する必要がある。たとえば、ゴミ収集のあとに、道路に出ている多くの似たようなゴミ箱のなかから自分のゴミ箱を見つけるという場合だ。この場合は自分のゴミ箱は何度も見ているのにあまり注視することもないため、なかなか他人のゴミ箱と見分けがつかないということになるのだろう。

3秒ごとに眼球を動かしたところで、疲れたと文句を言う人はいない。こうした作業は自分では気づくことなく、やすやすと行われている。制御されているのは、どこに、どのように目を向けるかだが、眼球運動のほとんどは反射行為だ。反応時間が比較的短いことから、反射行為だと推測される。場合によっては、何かが光った方向に目を動かすのに100ミリ秒くらいしかかからない。目標や意思に基づいて意識的な決定をしたにしては、この反応時間はあまりに短い。試しに計算してみるといい。光のひらめきが網膜に届いた瞬間から、その情報が視神経を通って視覚系に到達するまで50ミリ秒かかる。筋肉を動かすためには30ミリ秒必要なので、決断に残された時間は20ミリ秒ということになる。このような眼球の動きは、脳の原初的な部位で行われる、制御不可能な反射だ。個人的な目標を定めるといった、もっと複雑な技能を担う脳の部分なら、こういった処理を行うにはもっと時間がかかるはずだ。

両方の目をもってしても、一度に凝視できるのは空間のある一点だけだ。これはロマンティックな場面を含め、いろいろな状況での問題をもたらしかねない。わたしは初めて、ある女性の左右の瞳を同時にじっと見ようとしたとき、すぐにそれは絶対に無理だとわかった。同時に両方の目を見つめることはできない。だから、必ず片方を選ぶしかないのだ。唯一の方法として、すばやく視線を移動させれば、何とか両目を一度に見るのに近い感じにはなる。残念ながら、周辺視ではしっかりと焦点が合わせられない。それができれば、両目の間に視線を集中させても、どちらの目もはっきりと見ることができるのだが。「あなたの瞳を見つめるたびに、気持ちがふらふらして……」という文句は、あまりロマンティックには聞こえないかもしれないが、科学的には正しい。

眼球の連続した動きから、視覚系のあらゆる興味深い問題が浮かび上がってくる。もし、網膜に映る実際の像を見たとしたら、眼球による動きのせいで、ゆらゆら揺れる不鮮明な像に見えるだろう。個々の目の動きは、網膜に映る視覚世界をばらばらに処理している。にもかかわらず、わたしたちは視覚世界を、次々と変化し続けるコマ送り画像のようには感じない。いやむしろ、流れるように続いているという感覚をもっている。眼球が動くからといって、方向感覚がおかしくなることは決してない。

網膜表象（網膜に映る像）と実世界における空間表象（身体に対する対象の位置）との間には相違がある。図5・1の例を見てほしい。左の図では、フォークは男性の右手の近くにある。彼はフォークの左側の地点を見ており、フォークは彼の右視野にある。彼が空間の別の地点に目を動かすと、網膜に映る像は変化する。だが、まわりの世界の像は変わらぬままだ。右に目を向ければ、フォークは左の視野に現れるが、その変化にかかわらず、そのフォークは先ほどのフォークと同じものだと認識できる。フォークの（空間的）位置は目の動きによって変化しないが、網膜表象（網膜上に映っているフォー

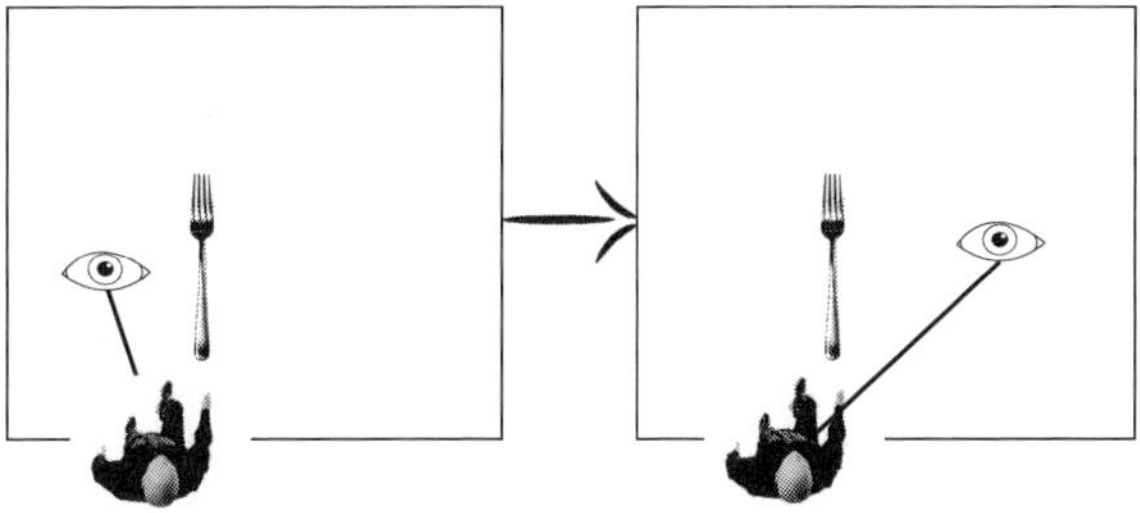

図 5.1　目の動き

クの像）は変化している。

わたしたちは普通、目を動かしたあとでも、重要な対象が正確にどこにあるかを知っている。目を動かすたびに、対象の視覚表象は更新されるので、たとえば、フォークは何度目を動かしても同じ物体だということになる。このプロセスをスムーズにするためには、視覚系は毎回の眼球運動の大きさを知らなければならない。また、眼球運動が一定以上の大きさであれば、常に同じ大きさの表象の更新が行われなければならない。サルの脳に関するさまざまな研究によれば、同じ大きさの更新は、まさに眼球運動の直前に行われるという。たまたまどこを見ようと、重要な対象が自分に対してどの位置にあるかを正確に、確実に教えるような地図のようなものを脳はもっているようだ。

もちろん、目を動かすごとに、身のまわりのあらゆるものの表象が更新されるわけではない。そんな複雑な更新を行うには、あまりにも時間とエネルギーがかかりすぎる。更新は、最も重要な、最大三つか四つの対象にだけなされる。わたしたちは視覚世界を一種の外づけハードディスクとして利用しているというのが、その主な理由だ。どんなときも、自分の内的世界に表現できるのは少数のものしかないとすれば、目を動かすときに頭に入るのはそれらの対象しかない。たとえば、8人用にテーブルセッティングされた食卓で、それぞれのナイフの位置を、いちいち目を動かすことによって正確に把握するのは不可能だ。

似たような更新プロセスは、記憶の信号の場合にも現れる。何かを探しているとき、すでに探した場所を把握しておくためには、その場所を覚えておかねばならない。そうしなければ、何度も同じ場所を探す羽目になる。すでに見てきたとおり、わたしたちが同じ場所を二度探さなくて済むように、注意は抑制される。目を動かすごとに、すでに探索した場所は網膜の異なる部位に投影される。だから、すでにどこを探索したかを覚えておきたいなら、その部位も更新しなければならない。だが、この処理には、すでに探索したひと握りの場所しか思い出せないという制限がある。解決策の一つは、探索を行う際に何らかの構造を用いることである。たとえば、書棚を探すときにいつも左上から右下に目を走らせているなら、このような探索の方略を覚えておけばよいだろう。無計画な探索はとても非効率的だからだ。すでに探した場所を一つひとつすべて思い出すことなど、決してできない。

眼球を動かすシステムのもう一つの限界は、どの任意の時点でも、動きの数はたった1回に限られていることだ。だから、目を動かす方向を決めるという、毎回の意思決定プロセスは延々と続く。このプロセスは、内的世界と外的世界の間で繰り広げられる注意の争奪戦と非常によく似ている。人は外界の視覚情報に強いられて目を動かす。もし、周辺視でひらめく光を捉えたら、自動的にその方向に目を動かすだろう。だが、この自動的な目の動きを抑制しうるような多くの状況も存在する。これを証明する最も基礎的な実験がアンチサッケード課題だ。この実験では、実験参加者はコンピューター画面の中央の一点を注視するよう求められる。それ以外、画面には何も映っていない。しばらくすると、ある物体（たとえばボール）が注視点の右または左側に現れる。この実験には2種類の実験課題が用意されており、注視点の色によってどちらの課題を実行すべきかが指示される。注視点の色が緑なら、実験参加者はできるだけすばやくボールのほうに目を動かさなくてはならない。これについては、たいてい何の問題もない。

だが、注視点の色が赤になると問題が起きる。この場合、実験参加者は反対側、つまりボールが現れたのとは逆の方向に目を動かさねばならない（これが、いわゆるアンチサッケードだ）。だが参加者は、間違ってボールの方向に目を向けることが多い。重要なのは、反対側には何の視覚情報も提示されないということだ。だから、参加者は何もない場所に目を向けるよう強いられることになる。こうした眼球運動は、完全に人の内面世界によって管理（この場合は課題に対する指示）がなされている。一般的に、人はこういった眼球運動を得意とする。ただし、この状況では、自発的な眼球運動とボールの方向への反射的な眼球運動との競合が生じるので、話は別だ。ボールは、もともと何の視覚情報もなかったところに現れた新たな対象なので、非常に目立つ。その結果、ボールへの強い注意のシフトが起こり、続いてボールのほうに向く反射的な眼球運動が誘発される。一度に1回しか目を動かすことはできないことを踏まえれば、この両者の眼球運動の戦いには決着がつかねばならない。ボールのほうへの動きは抑制されねばならず、それを成功させるにはある程度、眼球運動を制御できなくてはならない。若く健康な実験参加者がこのアンチサッケード課題を行えば、失敗する確率は15％くらいだろう。失敗の場合、ボールの方向への眼球運動は十分に抑制されず、反射的な眼球運動が勝者となる。

失敗するときの反射の特性は、目の反応時間にもはっきり表れる。失敗するときはいつでも眼球運動の反応時間は短いので、それは反射行為だと考えられる。一方、何もない場所に目を向けるという成功の場合は、反応時間は大幅に遅くなる。反射的な眼球運動を抑えるのに時間がかかり、課題の指示といった、認知的要因に基づく動きの出足は遅れる。脳の認知制御システムは反射のシステムより、ずっと動きが鈍いからだ。

自発的な眼球運動を担う認知制御システムは、主に前頭葉《ぜんとうよう》にある。この領域に損傷を受けた患者がアンチサッケード課題を行うと、失敗する回数が多いことが知られている。また、高齢者や子どもも認知制御のレベルが低いため、やはりよく失敗する。こうした理由から、アンチサッケード課題は、精神疾患患者の認知制御レベルの確認のためによく使われる。何と言っても、比較的単純な課題で、その結果は簡単に認知制御のレベルに変換できるからだ。たとえば、注意欠如・多動症（ＡＤＨＤ）の子どもは、そうでない同年齢の子どもと比べると、アンチサッケード課題における失敗が多い。彼らは衝動に流される傾向があり、それは反射的な眼球運動という形で表れる。このことは、そうした子どもたちが自分の視覚世界でどのような体験をしているかも示している。課題をやりなさいと言われても、外の視覚世界の思わぬ出来事につい気をそらされてしまうのだ。

訓練によって、不必要な眼球運動を抑制できるプラスの効果が得られる。アンチサッケード課題の訓練を数日受けた実験参加者は、失敗しにくくなった。だが、この改善が、日常的な眼球運動の制御能力を高めるかどうかははっきりしない。こうした実験は、実験室以外での日常生活とは、あまり関係のないところでの改善につながることが多い。たとえば、行うべきは通常のサッケードかアンチサッケードかはうまく思い出せるかもしれないが、その知識は外の世界ではあまり役に立たないだろう。勇猛果敢なスポーツ選手のアンチサッケード課題の成績は平均より高いかどうかを調べるという実験が行われた。結果はノーだった。プロのアスリートたちも、普通の実験参加者と同程度の失敗をした。アスリートたちは、アンチサッケード課題に対する反応時間は短いようだが、反射を制御するレベルはそんなに高くないのだ。

反射の制御を高めるために、体内でもっとドーパミンを生成させるという方法がある。ドーパミンは認知制御を高める重要な働きをし、認知制御は反射に影響する。おもしろおかしい映画を観たあとにアンチサッケード課題を行った実験参加者のグループは、好成績を上げる。この実験の背景にあるのは、明るい気持ちは脳のドーパミン生成を促進し、認知制御を高めるという発想だ。どうやらこの仮説は正しいようだ。研究によれば、統合失調症患者はアンチサッケード課題での失敗が多いという。そして、統合失調症は脳内のドーパミンのバランスの問題によって生じることが知られているのだ。

もちろん、誤った眼球運動を停止する一番の方法は、眼球運動を全面的に取りやめることではない。ふざけた話に聞こえるかもしれないが、研究によれば、「注意」と「眼球運動」には重要な違いがあるという。目の動きに従って注意の焦点を絞ることができるというのは、よくいわれることだ。結局、何であれ見ているものに注意は向けられるはずだ。だが、必ずしもそうではない。まったく目を動かさずに注意をシフトすることは、十分できる。パーティーで誰かと話しながら、実は部屋の反対側にいる人のことが気になっているという場合、これは非常に役立つ。話をしている相手の目を見続けながら、同時に注意は別の人に向いているのだ。この人間の特性を進化的に説明するおもしろい話がある。ゴリラの階層社会では、低い階層のゴリラはボスの目をまともに見ると恐ろしいトラブルに見舞われる。だが、そんなゴリラはボスと目が合わないようにしながらも、ボスから、いわば「目を離したくない」のだ。人間社会でも同じように、安全を脅かされそうな相手の目は見ないほうが賢明なときもある。これは事の深刻化を避けるのに役立つ（少なくとも、今度、暗い路地で見知らぬ人間とぶつかったときに役立ってほしいとわたしは思う）。

もし、今から10秒後に大きな爆発音が聞こえるが、肝心なのは音の方向を見ないことだと知らされたら、あなたは目を動かさずにいられるだろう。反射的な眼球運動が起きるのは、実験参加者が目を動かさざるを得ない状況にいるときだけだ。目立つ対象に目が動いていないからといって、必ずしも注意が払われていないわけではない。注意を引くことと眼球運動を生じさせることは、別物だ。探索課題の最中にポップアウト効果をもつ対象が画面に現れても、必ずしも視線はそこに誘導されない。だが、探索の反応時間は遅くなる。探索に余分な時間がかかるのは、目立つ対象に注意が向かざるを得ないからだ。目立つ対象に目を向けるようプログラムされているのに、そのプログラムは実行されない。動きは抑制されても抑制のための時間はかかり、それが探索の反応時間を遅らせるのだ。

注意と眼球運動は同じ系統をもつものだと示唆する、多くの証拠が挙がっている。この二つの機能を担う脳のそれぞれの領域には、重なり合う部分がかなりある。さらに、注意のシフトと眼球運動は多くの場合、同時に起こる。たとえば、注意を引く対象に目を向けないようにすることは可能だが、その逆はなく、注意を引かない対象に目を向けることはない。注意することなく、まず目を到達点に最初にもっていくというような眼球運動はできない。注意は眼球運動に先行するといえる。視線の動く先に何かが現れれば、あなたはそれにすばやく反応するだろう。これは実に論理的に聞こえるかもしれない。注意の移動は完了までの時間が短いが、眼筋が必要となる眼球運動は動きも鈍く、より時間がかかる。だが、目は常に視覚世界の最も重要な場所へと移動するので、同じ方向へと視覚的注意が先行するのが最も効率的だ。これについて考えるといつも、でかくていかつい消防車が緊急出動するときに、その前方を赤い小型車がすいすい走っているという光景を想像してしまう。

さて、むしろ理論上の話ではあるが、もしこれを実践したらどうなるだろう? もし、あなたが広告主で自社のロゴを皆に知ってもらいたいなら、人の目がロゴに向くようにせねばならない。目の周辺部の視力には限界があるため、小さなロゴの場合は、注意をシフトさせるだけではしっかりロゴを識別させるには不十分だ。人の目を確実にロゴに引き寄せるには、広告のなかで視線が必然的に向くところにロゴを配置するのがいい。たとえば、わたしの同僚のイグナス・ホーゲはしょっちゅうベネトンの広告を引き合いに出すが、その広告ではロゴは短い文言の最後に配置されている。文言自体はとても目立つので、どうしても読んでしまう。その文言の右にロゴが置かれ、そのロゴ自体も非常に目立つとすれば、人の視線はロゴも捉えやすい。これは視覚的効果のある広告の好例だ。いくら広告を見せても、会社名を覚えてもらわなければ、望ましい効果は得られないだろう。大勢の人がこちらをまっすぐ見つめている広告でも、とても小さいロゴが隅に押しやられているようでは、あまり効果は見込めない。大勢の人の顔を次から次へと見るために、目を動かすことに時間を取られ、ロゴに気づくまでには至らないだろう。

先ほどのイグナス・ホーゲは、長年にわたるこうした研究知見に基づいて、広告の視覚的効果について企業に助言をしている。消費者の目の動きを測定して、何を見ているかを突き止めるのは可能だ。ロゴや肝心の会社名が消費者の目に入らないような広告では、アテンション・アーキテクトが目指す目標は達成できないだろう。広告の配置にも意味はある。雑誌のページに、内容はともかく、見た目が非常に魅力的な記事や写真などの情報が載っているときには、読者はそのページの広告に目を向けそうもない（たとえ、ロゴが非常にうまく配置されていたとしても）。いずれにせよ、広告を見るために雑誌を買う人はあまりいない。だから、アテンション・アーキテクトにとって、人の目の動きを獲得する機会はとても少ないのだ。見た目が魅力的なほかの情報が大勢で注意の争奪戦を繰り広げている場合、広告の効果はなさそうだ。株式情報のページに色鮮やかで上手な広告を出すのが最も効果的な選択かもしれないが、その場合はページごと読み飛ばされるリスクがある。

人の目が広告に引き寄せられるかどうかは、その配置によるところが大きい。過去の経験もまた、重要な役割を果たす。雑誌のどこに、どういう形で広告が載っているかはよく知られている。大半の人は広告目当てに雑誌を読むことはなく、広告が出てきそうなところは読み飛ばそうとする。新聞（横書きの英字新聞）の右ページ全体を占める広告を見ると、わたしはいつも不愉快な驚きを覚える。ここで広告を目にするとは思わなかったからだ。自動的に、視線はその広告に落ちる。そういう理由で、広告掲載料は右ページのほうが左ページよりずっと高い。右ページの広告は視覚的にはるかに効果があるのだ。

ウェブサイトの広告やバナーは独特のデザインであることが多く、たいてい周辺視で捉えることもできる。確かに注意を引きやすいかもしれないが、その一方で、デザインから広告と認識され、即座に注意が解放され、あえて目を向けられないこともあるだろう。広告やバナーにまつわる過去の経験から、雑誌やウェブサイトを眺める人は積極的に広告を避ける。広告主の立場で考えると、まるでそのページに出ている情報であるかのように広告をしつらえれば、もっとうまくいくだろう。わたしもときどき、記事を読んでいてそれが実は広告だとわかって、途中でやめることがある。通常の新聞記事とほとんど見分けがつかない広告を出すたびに、その新聞社の苦情相談室は忙殺されるものだ。

少し紛らわしい話だったかもしれない。最も効果的な方法とは何か？　ひどく目立つ広告か、完全に周囲に溶け込む広告か？　その答えは注意のスポットライトの大きさにある。なじみのウェブサイトを訪れるとき、人はスポットライトを小さくして、ある箇所にだけ焦点を合わせる。その箇所はサイト内に実際にあることがわかっている。この場合、ページの脇に非常に印象的な広告があっても、あまりインパクトはないだろう。スポットライトの外にある広告は注意を引かない。こういうウェブサイトには、あまり目立たない広告を据えるのが賢いだろう。まさにサイトの一部だとみなされる割合が高まるからだ。だが、特に目的もなく、何を求めているかの自覚もない人が訪れるウェブサイトの場合は、話は違う。その場合、スポットライトは大きくなり、求めるものの特徴が注意を誘導することはない。この場合は、目立たない広告では使い物にならない。見る人にそのサイトの知識がないため、広告をそのウェブサイトの一部と間違えることはないからだ。目立つ広告にすれば、より効果的だろう。

ウェブサイトは「バナーブラインドネス」に陥りやすい。バナーブラインドネスとは、広告が光ったり点滅したりしていても、ユーザーがそれを無視することを指す。むしろ、そういうピカピカするものはすべて、広告への目の動きを上手に抑制するのだ。ポップアップ画面にしても、効果はない。次に何が出てくるかよくわかっているので、人はその内容を見もしないですぐさまポップアップ広告を全部閉じる。小さなスポットライトを使っているときは、ポップアップが現れるやいなや、人はマウスを小さな×印のほうへと操作する。オンラインニュースサイトを訪れる人たちの眼球運動を測定すると、サイドバーに出る広告よりもニュース記事の間に挟まれる広告のほうに、目は有意に動くことがわかった。つまり、広告の効果はユーザーが行っている作業と直接関係するということだ。その作業に大きなスポットライトが必要ならポップアウト広告は功を奏するが、使われているスポットライトが小さい場合は、比較的目立たない広告のほうがうまくいく。

ある作業を効率的にこなすには、適切な方向に目を向けることがとても重要だ。それを自分自身で訓練することはできるのだろうか？　すでに見てきたように、医療用のスキャン画像の精査は非常に複雑な業務で、診断医の目をしかるべき部分に集中させることがきわめて重要だ。熟達者は仕事の戦略を立てるのが得意だが、自分が何をどうやっているのかについては気づいていないことが多い。たとえれば、自転車に乗るようなものだ。子どもに自転車の乗り方を説明するのはほぼ不可能だ。そこには、意識的な能力が関与していないからだ。

スキャン画像を精査する際に熟達者は何を見ているかを、指導として学生に教えることはできる。放射線科医だけでなく、しかるべき箇所を見る必要のある複雑な業務を行う人なら、誰にとっても非常に有効と思われる方法だ。たとえば、次のフライトまでに機械的な故障がないか飛行機を点検するという訓練について、考えてみよう。この仕事には、飛行機の外部の目視検査も含まれる。最も効果的な目の動きをビデオの画面上で見せられた学生らは、こうした点検方法をより速く効果的に習得する。

熟達者の目の動きを見ることは、難しいパズルを解いたり、自動車運転を習得したりする際にも役立つ。運転教習を受けたことのある人なら誰でも、適切な場所を見るようにとさんざん言われるのは知っているだろう。サイドミラーとバックミラーに目をやりつつ、道路を注視し続けないといけない。試験官は、受験者の目の動きをしっかり見るだろう。わたしは初めての運転免許試験では不合格になったが、原因は、肝心なときに的確な場所を見ていなかったからだった。試験官に「見ている場所と『注意』が向いている場所は違うんですよ」と言おうとしたが、相手にしてもらえなかった。今でも信じているが、わたしの周辺視には、道路のまんなかに視線を保ちながら注意を移して自転車の接近を感知するのに十分な視覚解像度が備わっている。そりゃ、自転車に乗っている人の瞳の色まではわからないかもしれないが、だからどうだと？　というわけで、わたしがこの本を書いた主な理由は、あの試験官にこういう一連の説明ができるからだと思われてもしかたないのだが……。

さて、科学の話に戻ろう。最初の3回の運転教習を受けたばかりの実験参加者グループ（実験群）は、経験豊かなドライバーの目の動きが、動くボールという形で画面に映し出されるビデオを観た。彼らはその後、ビデオを観ていないグループ（統制群）と比べて、より幅広い目の動きをするようになった。また、運転中、ミラーなどのしかるべき箇所をより頻繁に、長く見ていた。半年経ったあとでも、この介入の効果は実験群では明らかだったのだ。

学生に熟達者の目の動きをそのまま習得させる新たな手法がある。周辺視で微妙な変化を捉えると、人はその変化が起こっている箇所に視線を向ける。この手法は「緻密な視線誘導」と呼ばれている。少しの間だけ、問題の箇所に色の変化が起こるが、目がそこに向けられたとたんにそれは消え、人はその変化自体には気づかないものの、そちらに気を引かれる、という手法だ。この手法によって、熟達者なら業務遂行の際に見るであろう箇所に、学生の視線を誘導することが可能になる。熟達者を手本として、熟達者がとるであろう行動を学生に試みさせることが目的だ。訓練終了時には、学生は熟達者と同じ行動を習得しているだろうと考えられている。この訓練は、マンモグラフィー（乳房X線撮影検査法）で悪性組織を見つけるという能力に対しても好ましい効果を上げているのだ。

　こうした新しい知見を踏まえると、視線追跡の利用によって明るい未来が開けるのは当然だという気がする。眼球運動を測定する装置（いわゆるアイトラッカー）は、ますます進化している。アイトラッカーは、赤外線カメラを用いて目の動きをモニターする。10年前は大きな買い物だったアイトラッカーだが（性能のよいものは数千ドルもした）、どんどん安く小型化している。今では、そこそこの製品で200ドルくらいだ。その程度の価格だと、ミリ単位までは正確には測れないかもしれないが、必ずしもそこまでの精度を求めなくてもよいだろう。人が何を見ているのかを知りたいだけなら、コンピューター画面上の1㎝の誤差の範囲など通常は大きな問題ではない。

　価格低下と可能性の広がりのおかげで、アイトラッカーはいずれ携帯電話やタブレット、ノート型パソコンのようなコミュニケーション・ツールになると期待されている。ユーザーの見たいものがわかれば、その人が気づくように情報を提供するのはごく簡単だ。さらに、アイトラッカーによって、ユーザーが見なかった情報もわかる。車にアイトラッカーを装備したらどうだろう。ドライバーが道路から視線を外せば、警告を出せるだろう。こうしたシステムでは、ドライバーがハンドルを握ったまま居眠りをすれば、目を覚まさせるようなプログラムまで組めるかもしれない。

人の目の動きは、その人が何をしているかも明らかにする。読書中の目の動きは、何かを探しているときの目の動きとはずいぶん違う。先ほど述べた、理想的な広告の話を思い出してほしい。消費者が使うスポットライトが大きいか小さいかを、目の動きから確認できれば、広告主はそれに応じて広告を調整できる。

アイトラッカーの低価格化によって、目の動きによるコンピューター操作の可能性も広がる。仮に、ケーキをつくっている最中で手がべたべたになっているとする。手を使わずに目でウェブページの操作ができるシステムがあれば、便利なのは間違いない。たとえば、ダブルクリックは瞬き2回、とかいうふうに。こうしたシステムは、もちろん、手がべたべたの場合に便利なだけではない。マウスの操作や画面のタッチができなくなった人たちにも、大いに役立つ。

ボタンを使ってシステムを作動させねばならないとき、ボタンを押そうと決めてから実際に押すまでには通常、時間の遅延がある。内蔵型のアイトラッカーのなかには、実際にボタンが押される前に、システムに特定の業務の準備をさせることができるものもある。飛行機を例に挙げると、まず着陸手順のボタンが押されたあとに下降を始めるまで500ミリ秒かかるとしよう。パイロットの視線は、ボタンを押す200ミリ秒前にすでにボタンに注がれている。パイロットが実際にボタンを押す前に、その目の動きによって着陸手順が始動すれば、500ミリ秒の時間をもっと短縮することは可能だろう。もちろん、パイロットがやはりボタンは押さないと決めた場合は、手順の中断も可能でなければならないが、いずれにしても、このようなシステムがあれば時間の節約になるのは確かだ。

アイトラッカーつきの初のタブレットは、すでに市場に出回っている。2015年、アップルは視線でカーソルを動かせるというシステムの特許を取った。まもなく、アップルは携帯電話やタブレットに内蔵した高性能のカメラで、目の動きのモニタリングを始めるだろう。電子書籍でページの終わりまで読んだとき、自動的にアイトラッカーがページをめくってくれるなら、指を使う必要なんてないだろう。

アイトラッカーは、読書を助ける非常に便利な装置になりうる。研究によれば、読むことに困難を感じる人とそうでない人の目の動きのパターンには、大きな違いがあるという。困難を覚える人は、すでに読み終えた単語を戻り読みしたり、間違った箇所を注視したりする傾向がある。また、凝視時間（一つの単語に視線が固定されている時間）も長い。眼球運動は読みの問題の診断にはまだあまり使われていないが、安価なアイトラッカーが利用できれば、臨床診療への導入は必ず加速するだろう。読みに関する問題をもつ人たちの多くは、視線を単語に「係留する」ことができないので、読むペースを保つのが苦手だ。アイトラッカーが、解決策を提供するかもしれない。わたしたち（欧米人）は文字を左から右へと横に読むが、行の最後まで来たら左端まで戻って読み進まなければならない。読む能力の低い人は、正しい位置に目を動かすのに困難を覚える。アイトラッカーは読者の目の動きに対してモニタリングを行う。視線が行の最後まで到達したときに、次の行のはじめに光が瞬間的に点灯すれば便利だろう。視線が自然に正しい位置に引き寄せられることで、読む能力は改善する。読みの上手な人の目の動きをモニターすれば、読む能力の低い人にも、一文のどの箇所に目をやればもっと上手に読めるのかがわかるかもしれない。

眼球運動は神経障害の発見にも利用できる。研究によれば、ある種の眼球運動のパターンは、ＡＤＨＤやパーキンソン病、胎児性アルコールスペクトラム障害のような症例に見られる特徴だという。胎児性アルコールスペクトラム障害とは、母親が妊娠中に過剰にアルコールを摂取し、生まれた子どもが知的な問題（記憶力の低さなど）を抱える状態をいう。20分間のテレビ視聴中の眼球運動は、こういった障害のバイオマーカー（生理学的指標）となる。唾液や神経心理テスト、ＭＲＩ（磁気共鳴画像法）と同じように、眼球運動のパターンも生体の特徴を捉えており、それはアルゴリズムを用いて特定できる。ほかのバイオマーカーと比べると、眼球運動の追跡は少ない費用で簡単にできるのが利点だ。ほかの行動と違ってテレビを観るという作業にたいした説明はいらないし、その説明の意味もわかりやすい。特に、子どもや高齢者にはメリットがある。説明は少ないに越したことはない。視覚的注意の計算モデルは、眼球運動から２２４の定量的特性を見きわめることができる。そして、優秀なアルゴリズムを用いて、特定の障害の決定的な特徴を割り出すのだ。

将来、神経障害の診断や関連症状の治療だけでなく、周囲との相互作用についても眼球運動はもっと利用されていくだろう。眼球運動は、いわば視覚世界への入口という意味で、利用されてしかるべきである。ある人が世の中をどう体験しているかを知りたければ、その人の目がどう動いているかを見ればいい。ＡＤＨＤの子どもには、そうでない子どもとは大きく違う目の動きが見られる。あらゆる高次認知機能に関する問題は、目をどこに動かすかという決定に影響し、その決定はそれに続く決定と関係する。それらの決定は、脳が受け入れる視覚情報に基づいているからだ。だから、認知が目の動きを決定しているといえるし、逆もまたしかりなのだ。

眼球運動の誘導は優れたシステムの一部分であり、多くのことを教えてくれる。むしろ、そのシステムはわたしたちの「実生活」の比喩のように思える。ある一点に目を動かそうという決定は非常に速く下されるが、必要とあらば、すばやい訂正も可能だ。眼球が動き出すその瞬間にわかっているのは、最初に向けようと決めた方向だけだ。動いている途中で、視線の正確な終点は決定される。眼球運動のシステムは、望ましい視線の到達点と最初に決めた方向との違いをチェックする。たとえば妨害刺激による干渉を受けて、視線が向かうつもりだったところ以外のどこかに行き着くなら、瞬時に新たな眼球運動のプログラムが実行される。視線はほんの短い間だけ妨害刺激に固定され、ほぼ間髪をいれずに正しい位置に向かうことができる。それゆえ、眼球運動のシステムは自分の決定についてはあまり深く考えず、とにかく最速で行動しようとする。間違いがあれば途中で修正する。まさに、実生活でわたしたちがやっていることと一緒だ。

第6章

現在の注意に過去の経験が影響する

——見たいものしか見えない

オランダのある静かな水曜日の朝、1台の車が町中の道を走っていた。左折して脇道に入ることを方向指示器で示してから、ドライバーはブレーキを踏み、対向車の有無を確かめた。対向車は見当たらなかったので、彼はアクセルを踏み、左折した。突然、ものすごい音とともに車は1台のスクーターと衝突した。幸い、大きな怪我ではなかったものの、その後、スクーターの乗り手は自動車のドライバーに対して訴訟を起こした。裁判官は、自動車のドライバーを無謀運転で有罪とした。もし、ドライバーが注意を払っていたら、スクーターに気づき、事故を起こすことはなかっただろうというわけだ。ドライバーは以下のように異議を唱えた。自分は注意を払っていた。ただ、接近するスクーターが見えなかっただけだ。左折する前に停止したという事実は、安全運転をしていた証拠だ。スクーターの乗り手も、自動車が左折しようとする前に一時停止したことを確認している。

では、どうして自動車のドライバーは接近するスクーターに気づかなかったのか？全責任は彼にあるのか？　事故が起きたのは白昼で、車のドライバーは急いではいなかったし、過去に事故を起こしたこともなかった。この状況をもう少しよく調べてみよう。スクーターは時速45㎞で走行していたが、これはオランダの交通規則をきちんと守ったものだ。さらにスクーターは、市街地では公道を走行し、自転車専用道を走ってはならない、という規則も守っていた。

この状況をさらによく調べると、現場となった道は市街地によくありがちな道路ではなかったことがわかる。その道路は、芝生や樹木でできた幅の狭い境界によって自転車専用道とは分離されており、まるで、辺りに民家も何もない、田園地帯を走る道のように見える。これでは町中を走る感覚にはならない。制限速度が時速50㎞だとはとうてい思えないような道であり、まさかスクーターが走ってくるとは考えられない。普通、そういうところでは、スクーターは自転車専用道を走るものだからだ。[*1] だから、自動車のドライバーが対向車の有無をちゃんと確認したとしても、そこにスクーターが混じっているとは予想しなかったということはありえる。彼にとっての目標刺激は、自動車やバスといった、もっと大きい車だったのだ。単に探索の対象となるものの基準に合致しな

＊1　オランダでは、速度制限はあるものの、スクーターも自転車専用道を走行することができる。

かったという理由から、彼はスクーターを見落としたのかもしれない。

何かに気づくかどうかという話では、予測が鍵となる。誤った予測を立てる道路利用者は、予想外の対向車をまったく見つけられないかもしれないのだ。実験によれば、道路利用者は警察車両が高速道路の非常駐車帯のような予想外の場所に止まっていると、それが視覚的に明らかでも、見えていないことがあるという。同じことは、自転車に乗っている人や道路脇に分離された自転車専用道が、視覚的に明らかな場合にも当てはまる。自転車専用道ではなく普通の路上を走る自転車を、自動車のドライバーは見落としがちだ。もちろん、本書は司法制度を云々する本ではないし、その自動車のドライバーを無罪にすべきかどうかは完全に法的な問題だ。だが、誰しもこうした誤りを犯したり、間違った予測をしただけで有罪になったりする可能性があるという事実に変わりはない。都市部の道路とはとても思えない道は、どこかずれた予測を招く。非難されるべきは、ドライバーに誤った予測を生じさせる道路をつくった地方自治体かもしれない。わたしもどこかの直線道路で、ここではどのくらいの速度で運転すればよいだろうかと思うことがある。交通標識がまったくないとき、わたしはその道路の特徴から、正しい制限速度を推測しようとする。道路の様子から、これくらいのスピードでよいだろうと判断するのだ。

周囲の状況から得られる情報がごく限られることを考えれば、道路脇の交通標識の数を増やしても意味はない。ドライバーはたいてい、まずは道路に注意を集中させようとするものなので、重要な標識を見逃す危険もある。だから、効果があるのはドライバーの予測が当たるようにすることだ。ここは広い田園地帯の道路だと思うと、市街地の道路だと思ったときより、スピードは出やすくなる。人はいろいろな道路を経験しているので、その知識から結論を出すのだ。車線がいくつもあるような道路は、たとえ市街地にあっても幹線道路だと判断されがちだ。普通は使われないような交通標識も、誤った予測につながりかねない。たとえば、ニューヨーク市内で、はるか遠くの「ボストンまであと○○マイル」といった標識を見るとは考えられない。そんな標識を見たら、まるで幹線道路にいるような気がして車のスピードを上げてしまうだけだ。

視覚世界は規則性に富み、人はその情報を利用してまわりを見る。たとえば、ナイフは普通、食器棚の引き出しに入っているので、ナイフがほしいときは冷蔵庫ではなく、その引き出しを探そうとするものだ。これもまた、道路の左側の交通標識が（車両が右側通行の国では）、右側の標識ほど効果がない理由だ。複雑な視覚世界を理解するには、文脈（前後関係）を追えばよい。車を運転しているとき、人は一定の予測をし、それに従って注意を移しているのだ。ナイフは食器棚の引き出しに、交通標識は道路の右側にあるべきだ。だから、通常、交通標識があるはずの場所に広告板を掲げるのは分別がない。第5章で考察したように、道路脇の対象に目を向けるのには時間が費やされる。だから、道路脇の広告板に目をやることは、しょっちゅうスピードメーターをちらちら見るのと同じくらい危険なのだ。

どんな場合でも、物の配置に関する予測は、長い年月にわたる過去の経験に基づいている。だが、こういった予測は、短期間で形成されることもあるのだろうか？　これを調べるために、科学者らは実験参加者グループに、多くの妨害刺激が含まれているなかから目標刺激であるTを探すよう求めた。各画面には、多くの物が決まった方式で配置されている。たとえば、図6・1では、目標刺激は左上の隅に配置され、対する複数の妨害刺激はその他の位置にばらばらに置かれている。繰り返し使われる探索画面もあれ

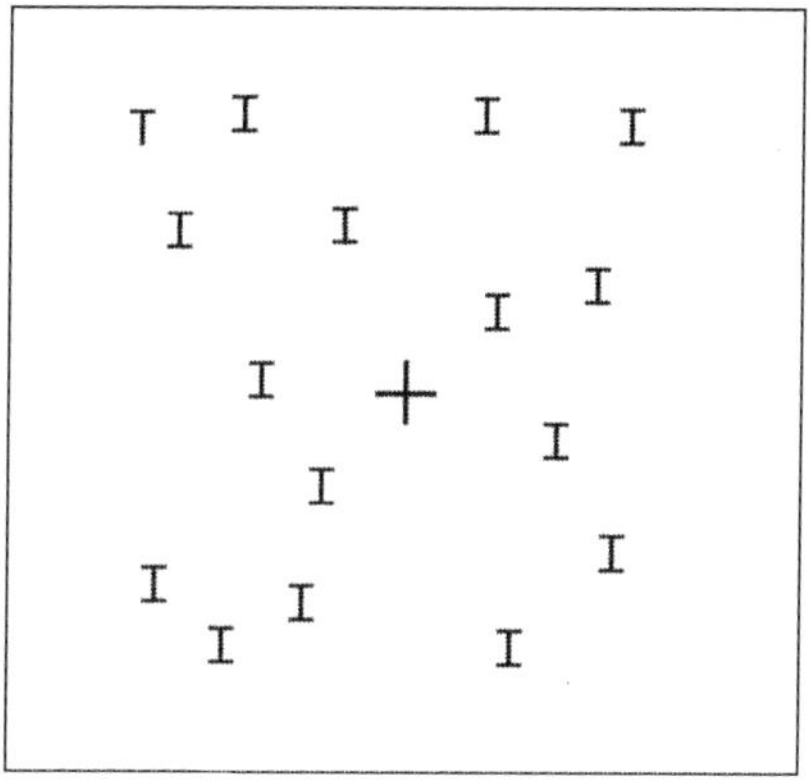

図6.1　探索画面

ば、一度しか使われない探索画面もあるが、実験参加者にはそのことは知らされていない。

どこに注意を向けるかを決めるとき、人は過去の経験に大きく影響を受けることが、この実験で証明された。初めて見た探索画面よりも何度も見た探索画面でのほうが、実験参加者はすばやく目標刺激に反応したのだ。これは「文脈手がかり提示効果」として知られている。注意が誘導される位置を文脈から決定するのだ。この実験で眼球運動を測定すると、目標刺激の出現が予測される位置に、目はすばやく動いていることがわかる。通常、実験参加者はそのことに気づいていない。実験後、どの画面が繰り返し出てきたか、どの画面が一度きりだったかを、大半の参加者は言い当てることはできない。だから、たとえ注意がそういった情報に基づいて誘導されているにしても、人はそれを意識していない。いつも無意識にスケジュール帳を机の同じ場所に置きっぱなしにする人は、どんなに机の上が散らかっていても難なくそれを見つけ出すものだ。

実験後もこの影響はすぐには消えない。文脈手がかり提示効果の実験に参加した実験参加者は、1週間後でも、繰り返し使われた画面では目標刺激をすばやく見つけることができた。参加者らは自分ではそのことを意識しないまま、60の探索画面を思い出すことができたのだ。その影響は数時間に限定されず、もっと長い期間に及ぶことも知られている。視覚的文脈における長期の影響は、特に以下の実験で明らかだった。実験参加者らは現実世界の一場面、たとえば部屋や山の景色の写真を見て、そこに写っている一つの鍵を探し出すよう求められた。こうした実験は、人は何百という異なる場面について、細部に至るまで難なく思い出せるらしいということを利用している。ある場面に隠された小さな鍵の存在は、翌日、著しい影響を及ぼした。2日目、参加者らは場面のなかに目標刺激（ボールなど）を見つけたら、できるだけすばやく反応するよう求められた。その反応が最も迅速だったのは、前日に彼らが鍵を見つけたのと同じ場所に目標刺激が置かれている場合だったのだ。最も驚かされた発見は、参加者らが注意を移す速度だろう。その場面の提示がほんの短い間でも、注意のシフトは明らかだった。以前の章で反射的な注意のシフトについて語ったが、何度も提示された場面の場合、注意のシフトは非常に速く、まるで反射的な注意シフトのようだ。その場面の内容からすぐに、その場所は、過去に遭遇したときに鍵があったがために重要だったということを、人は察知するようだ。翌日のその場所に対する反射的な注意シフトは、純粋にその情報に基づいて起きる。わたしたちの注意は経験によって導かれるが、無意識に生じる場合が多い。

交通状況の話に戻ろう。新たな道路建設を担う人たちは、ドライバーの経験を念頭に置いて設計しようとするものだ。巧みに設計された道路には、道路標識などまったく必要ない。そういう道路は、どのくらいの速度で走ればよいかがドライバーにわかるように設計されている。道路標識への注意が少なくて済めば、その分、道路に向ける注意は増す。現代的な環状交差点の設計で高い評価を得ているハンス・モンデルマンは、かつてこう言った。「道路標識があるということは、すなわち、その道路をつくった人の仕事が下手だったという動かぬ証拠だ」と。また彼は、「ドライバーにスピードを落とさせる一つの方法は、交通状況を整えるのではなく、むしろ雑然とさせることだ」といった意味の話もしている。イタリアでは警察車両がよく、交通量の多い交差点のどまんなかに駐車している。ドライバーは思わずそれを二度見してしまい、その結果、スピードを落とすのだ。交通状況を雑然とさせておくことが交通安全の向上につながるなんて、直感に反するような気がするが、道路に障害物がないとドライバーはアクセルを踏み込みたくなるということは、覚えておくべきだろう。

「共有空間」[*2]の原則によれば、交通空間を「生活空間」として設計し、道路標識や信号機、歩道の縁石といった交通関係のものを取り払って、代わりにベンチや花のプランターを置くほうがうまくいくという。これで、道路利用者は他者とともに交通の流れを調節しようという気になり、ドライバーの責任感も刺激される。こうした発想はすでにオランダのある都市で実施されており、交通事故件数の減少につながっている。

スピードの出しすぎによる交通事故が頻繁に発生する直線道路では、道路幅を狭くしたり、路面標識を変えたりといった、ドライバーが自然にスピードを落とす気になるような策が講じられる。路肩を明確にするのも、道幅が狭いという錯覚を強める手だ。市街地では、ドライバーに対向車と道路を共有する意識をもたせるために、道路を分離するセンターラインをあえて消すこともある。センターラインがある場合、ドライバーはしばしば対向車を意識する必要を感じないため、スピードを出すことが多い。

わたしたちは対象物の位置を知るための文脈については、実によく覚えている。人は、とりわけ視覚的文脈を思い出すことが得意であるようだ。なぜなら、そこに含まれる情報は無意識のものであり、そういった無意識のものに対する記憶力に限界はなさそうだからだ。自転車に乗れる人は誰でも、必要な技能を無意識の記憶のどこかにしまい込んでいる。たとえ人に自転車の乗り方を完璧に説明することはできなくても、自分自身が乗るぶんには、冬場に長らく乗っていなかったとしても何の問題もないだろう。視覚世界から集まる無意識の情報も、同じように働く。人は知らず知らずのうちに、視覚

＊2　交通安全を実現するための手法の一つ。

的文脈を記憶に蓄積することができるのだ。

新たな運動技能の習得といった、無意識の情報の入手が困難な人にとっては、特定の視覚的文脈を繰り返し与えることに何のメリットもない。パーキンソン病の患者もこれに当たり、大脳基底核の問題のせいで、新たな無意識的運動技能を学習できない。だが、コルサコフ症候群の患者のように無意識的記憶が損なわれていない場合は、文脈手がかりの提示は正常に機能し続けることが実験からわかっている。病の影響を受けているのが意識的記憶であることを考えると、患者は朝食に何を食べたかは覚えていないかもしれないが、一昨日に繰り返し見た探索画面にはすばやく反応することができるのだ。

コルサコフ症候群の患者の場合、意識的記憶は欠落していても、視覚的文脈に対する無意識的記憶は正しく機能する。つまり、無意識的記憶は新たな課題の学習に利用できるということだ。課題学習のためには、その情報を誤りなく完璧に手に入れることが大事だ。さもないと、患者は無意識に誤りを受け入れてしまい、正しい行動と誤った行動との見分けがつかなくなってしまう。残念ながら、意識的記憶がない患者は新しい技能を学習することはできないと決めてかかられることが多い。そのため、たとえば療養施設にいる多くの患者は、そういった機会を与えられないのだ。最近の研究によれば、「エラーレス・ラーニング（無誤学習）」を用いれば、彼らにも新たな技能は身につけられるという。エリック・ウドマン率いる科学者チームとして、われわれは特定の技能（洗濯機の操作方法）のエラーレス・ラーニングについて研究した。これには、正しいタイミングで正しいボタンを押すという、外の視覚世界とうまく反応し合う能力が必要だ。それまで洗濯機を一度も操作したことがなかったコルサコフ症候群の患者は、数回のエラーレス・ラーニングによって操作ができるようになった。だが、彼らは自分がどうやったのかを説明することはできなかった。彼らの意識的記憶には、洗濯機操作に必要な動きは蓄積されないからだ。彼らにとって、それは自転車に乗るようなものだった。このことから、ほぼ無制限の無意識記憶を利用すれば、こうした患者らにも潜在的な学習能力はあるといえる。この種の記憶は意識的記憶よりもはるかに容量が大きく、ずっと強固だという証拠まで挙がっている。だからこそ、人はそれを利用して視覚世界との間でやり取りを行うのである。

注意は、ある対象が見つかるだろうと予測される場所だけでなく、対象との視覚的な連合にも影響を受ける。たとえば、「バナナ」と「黄色」のような連合だ。クリス・オリバーズによる研究では、実験参加者らは数ある道路標識のなかから特定の道路標識を探すよう求められた。標識の画像はすべて白黒で表示されたが、妨害刺激の一つがフルカラー画像だったことから、探索時間は長くなった。また、妨害刺激の色が目標刺激の特徴と連合している場合は、探索時間がさらに長くなった。たとえば、目標刺激が一時停止の標識で、そこに赤い妨害刺激がある場合などだ。目下の課題が色とまったく関係のない場合でも、実験参加者の注意は「赤」と「止まれの標識」との連合に誘導されたのだ。

食品メーカーが、自社製品と同じ色使いのパッケージを使ったと、同業他社を相手に訴訟を起こすのも、この連合の影響が強いからかもしれない。2013年、二つの会社の間で、米のパッケージの色とデザインの類似を巡って訴訟が起きた。高品質を誇る有名ブランドは多額の投資をして、自社製品と特定の色を連合させる。牛乳は製品自体の色は白だが、たいていは青色と結びつけられている。スーパーマーケットで牛乳パックを探すとき、人は青色を気にかけて、早く見つけようとする。ディスカウントストアのような新規の大手企業は、こうした連合を利用して確実に消費者の注意を自社製品に向けようとしている。オレンジ色の牛乳パックでは青いパックほど売れそうもない。類似品を巡って裁判を起こしても、両製品のパッケージの全体的な印象も考慮されるため、めったに成功しない。パッケージの形や青の色味について、競合製品とオリジナル製品とで十分な相違が認められる場合は、著作権の侵害は立証されないだろう。先ほどの米のパッケージの訴訟で注目されたのは、オリジナル製品のジッパー部分だった。競合製品にはジッパーがなかったため、全体の印象という意味では二つの製品には十分な相違があるとの判決が出た。牛乳パックを買いに行くとき、わたしたちは具体的な青の濃淡を頭に浮かべているわけではない。単に、青い紙パックを探しているだけだ。

図６・２（１８５ページ）で、チーズスプレッド（塗って食べるタイプのチーズ製品）のパッケージを比べてみよう。二つのメーカーが同種類の製品を生産しており、両者とも牧草地を背景にした陽気な牛の絵を使っている。使われている色合いには微妙な違いがある。高級品のパッケージをまねてその連合から利益を得ることは許されないのだが、ここでは二つの製品が消費者に混同されないだけの十分な違いをもっているかどう

かということもまた、問題になってくる。図6・2の例では、消費者が二つの製品を混同しないだけの相違はあるが、注意を引く効果については両者とも同じくらいだろう。

過去の経験に基づいて注意を引くことは、「プライミング」として知られている。あなたにも覚えがあるだろう。気になるあの人も参加しているパーティーでは、全神経を彼あるいは彼女に集中させ、その装いにも注目する。その人が自分より先に帰ったあとも、その人が着ていたのと同じ色のドレスやシャツを着た人に、あなたの注意は無意識に引かれる。あなたの注意はその人の赤い服に集中していたので、たまたま赤いというだけの理由で、部屋のほかの赤いものもあなたの注意を引くのだ。

実験研究では、過去に実験参加者の行動に何らかの影響が及ぼされると、現在もその影響に注意が払われることがわかった。視覚的注意の実験には、さまざまな種類の課題の繰り返しが含まれることが多い。研究者が特定の課題における反応時間の正確な推定値を得るためには、1回の観察では不十分だ。実験参加者の集中力の変動や疲労といった「干渉」があることから、信頼性の高い推定値を得るには複数の測定が必要だ。つまり、一連の実験を経ているうちに、過去が課題の実行に何らかの役割を果たすだろうと

図6.2　連合

いうことだ。特定の課題の反応時間も、過去の課題の反応時間に大きく影響を受ける可能性がある。たとえば、過去の課題で経験したのと同じ目標刺激を見つける場合は、より速く見つかる。

プライミング効果は、前述したポップアウトに関連して特に重要な役割を果たす。ある画面でただ一つしかなかった色がその後の課題で繰り返されると、同色の対象はよりすばやく見つかる。妨害刺激が突然、過去の課題で一つしかなかった色と同じになった場合にも、これは当てはまる。この場合、その妨害刺激は実験参加者の成績に有意に影響を与える。参加者の注意はその妨害刺激に引かれ、課題の反応時間は相対的に遅くなる。重要なのは、誰もが特定の課題に対して同じように反応するわけではないと理解することだ。人はそれぞれ、近い過去と遠い過去の両方に影響を受けている。あなたも書店のウインドーでこの本の宣伝用ポスターを見たばかりだったら、店内に入ればすぐに本書に注意を引かれるだろう。

どのように視覚世界を経験するかは、過去に見たり行《おこな》ったりしたことに左右される。たとえば、ドミノ牌《はい》を並べることを想像してみよう。しばらく赤の牌ばかり並べていて、急に今度は青で続けるよう言われると少し反応が遅れる。それまで赤の牌だけを選んでいたため、ほかの色はすべて一時的に抑制されていたのだ。それまで赤だけを選び、ほかの色は無視してきたので、抑制されていた色の牌を見つけ出すのが難しくなる。これは「負のプライミング」として知られている。

図6・3を見てほしい。実験参加者に与えられた課題は、実線で描かれたそれぞれの物の名をできるだけすばやく声に出して答えることだ。左の絵では「犬」で、右の絵では「トランペット」になる。この課題を正しく行うには、点線で描かれた対象を無視して、実線で描かれた対象を選ばねばならない。難しくはないが、この選択の影響は次の課題で明らかになる。目標刺激(この場合は犬)が繰り返し提示された場合、プライミ

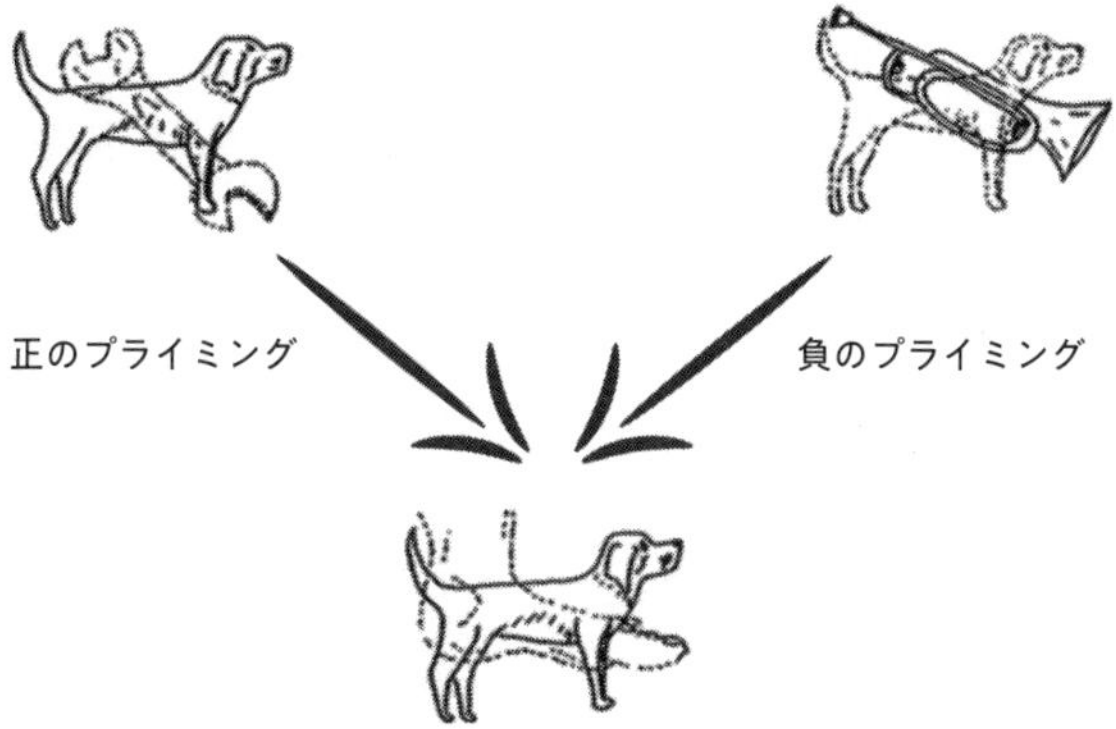

図6.3　プライミング

ングによって、犬が提示されなかった場合に比べて反応時間は短くなる（正のプライミング）。逆に、犬の絵を無視するという課題は、負のプライミングをもたらす。この場合、反応時間は目標刺激が初めて見たものである場合よりも長くなる。つまり、犬の視覚像の表象が、脳内のどこかに入り込むということだ。脳内にあるその表象が強力だと、人は次の犬をすばやく同定する。だが、脳内にある表象が抑制される場合、反応時間は有意に長くなる。ある物体の認識にかかる余分な時間は、脳内表現がどれだけ抑制されているかの指標となる。プライミングは奇術師がよく使う手だ。ある画像をちらっと見せることで、相手がのちに何かの絵を描いたり、カードを選んだりする際に、その画像に影響される確率を高めるのだ。

どこに注意を向けるかという選択は、記憶に影響される。最も鮮明な記憶はおそらく、何らかの形で報酬を得た出来事と連合しているだろう。わたしは道ばたで20ユーロ紙幣を見つけたことがあるが、その場所はずっと鮮明に記憶に残っていて、その辺りに行くといつも、まさにその現場に自動的に視線が引き寄せられているのに気づく。まあ、これは単なる逸話だが、こうした状況を実験で再現することも可能だ。実験参加者には、ある課題をうまく実行できれば金銭が得られると話す。報酬の程度は、ある色の提示によって決まる。探索中、緑色の丸が見えたときに目標刺激を見つけたら金銭が得られ、その金額は緑色の丸が出ずに目標刺激を見つけたときよりも高くなる。このような条件下では当然、緑という色は参加者にとってとても重要で、大いに注意を引きそうだ。だが、驚くことに、もう報酬は出ないという段になっても、その影響は同じように残るのだ。報酬ありの場合、注意を引く効果は参加者側の方略として説明できる(緑色は、稼げる金額という表現とも結びつきがある)[*3]のだが、もはや報酬が出なくなった場合の効果については説明がつかない。参加者が報酬と色を結びつけていた一定期間、その色は自動的に彼らの注意を引き続けたが、別の探索で、その色が妨害刺激となった場合にさえもまだ影響があったのだ。参加者の過去の経験によって、その色は容易に抑制されない強力な刺激となり、反応時間も、妨害刺激の色が低い報酬と連合していた場合より長くなった。最初に実験を行ってから数週間後でも、その影響は依然として明らかだった。

生来、衝動性の高い実験参加者のほうが、報酬をもたらす色に長期間、気を散らされていた。一方、衝動性の低い人は、最初に報酬と結びつけられた物をわりと容易に無視できると思っている。ややこじつけっぽくなるが、このことは個人の影響の受けやすさの度合いと関係があるかもしれない。過去に、ある種の薬物で多幸感を得た場合、その後の同じような状況においても、それを再体験したいという衝動を抑えにくいだろう。たとえば、「ハッピーアワー」の看板は、必ずアルコール依存者の注意を引くものだ。

＊3　greenは金や札を意味する俗語でもある。

金銭の場合、それが報酬になることは明らかだが、新しい情報が得られるという見通しもまた、一種の報酬として受け取られる。どうやら、脳の報酬系が活性化するのは、たとえば灰色の小さい点だけに関する一連の課題を完了したあとに、赤い点も含む課題を提示されるようなときらしい。新しいことを経験するとき、人はそれを金銭と同じく、一種の報酬だと感じる。もちろん、その理由としてはあらゆる進化的な話を思いつく(たとえば、祖先は食料を求めて新たな土地に向かったとか)が、現代の人々がこんなにも携帯電話やコンピューター画面に依存する理由も、これで説明がつくかもしれない。それらの機器は新たな情報をもたらしてくれるだろう。画面の右下の隅に小さな封筒のマークが現れたら、新情報が入手可能ということだ。それを無視できるかどうか、やってみるといい。わたしの場合は、ほぼ無理だ。電子メールの着信を知らせる機能をオフにしていないときは、画面に新たな封筒が現れてから10秒以内にそれをチェックしている。人は絶えず新たな情報に目を光らせている。たとえば、新情報やさまざまなカメラアングルの映像を流し続けるテレビ番組は、1台のみのカメラで同じ内容を繰り返す番組よりもアピール力が強い。雑誌の流し読みが好まれるのは、ページをめくるごとに新しい情報が得られるからだ。探索課題の最中に突然現れる対象物に自動的に注意が引き寄せられるのは、それが重要そうだからというだけではなく、単に新たな情報をもたらしてくれるからなのだ。

不注意盲のような現象や正のプライミングが科学によって「発見」されたのは、ここ40年くらいの間にすぎないが、マジシャンは何世紀にもわたって人の注意の容量の限界を利用してきた。実験室で行われる実験は実生活にほとんど関係ない、とはよくいわれることだが、マジシャンは、現実世界にも注意に関して多くの影響が見られることを示してきた。マジックを披露する際、マジシャンは常に観客の予想をもてあそぶ。マジシャンは観客の注意をそらしたり、いかにも何かの動きが起こっていそうで実は何も起こっていないところに注意を誘導したりすることができる。この手口によって、マジシャンは観客に気づかれることなく、新たな物を取り出すことができるのだ。もし、どこに目をやればマジックの種を見破れるかを観客が知ってしまったら、そのトリックはもう使えないだろう。

マジシャンは、本書でも触れてきた手口のほとんどを使っている。彼らはまさに変化が起きようとしているところから目をそむけ、指を鳴らして観客の注意をそらし、予想もしない場所で変化を起こして人々の裏をかく。観客もしてやられたとわかっているだけにいっそう感心し、それでトリックの効果が弱まることはまったくない。どこに目をつければよいかが完全にばれたら、トリックは失敗するしかない。それは、変化が見えるその場所に、観客が注意を向けるときだ。マジシャンの技はスピードが命で、物があまりにすばやく消えるので人に気づかれない、というのは神話だ。もちろん、スピードは大事だが、他人から注意を向けられているところで、気づかれないほどすばやく物を消すことは人間にはできない。トリックを仕掛けるには、注意をそらすことが大切なのだ。

何百年もの時を超えてなお、現代の科学実験研究にも使われているトリックを見るのはとてもおもしろい。こうした実験のなかには、マジシャンが技を披露しているときの観客の目の動きを調べるというものもある。マジシャンは自分の指を鳴らしてそこをじっと見つめ、その隙に煙草をテーブルの下に落として「消失させる」のだ。その結果は、不注意盲の実験結果と非常によく似ている。煙草が消失するところを見逃した実験参加者だが、その目は変化を捉えていた。だが、そこに注意を払っていなかったのだ。

　別の好例はボール消失のトリックだ。マジシャンはボールを空中に何度か放り投げるが、その途中でボールは突然消えるように見える。そのとき、マジシャンは本当に投げたかのように見せるが、実はボールはまだ手のなかにある。それでも、マジシャンはボールが描くであろう軌道に顔と目を向ける。観客には、まるで投げられたボールが空中で消えたように見える。このとき観客の目は明らかに的確な場所を見ているのだが、注意はすでに、ボールを投げた方向やマジシャンの視線から予想される落下地点に向いている。

　マジシャンが鳩を出して飛ばす場合はいつも、重要な変化はどこか別のところで起こっていると考えてよい。同時に複数の場所で動きがあれば、観客は最も目立つ動きに注意を向けることをマジシャンは知っている。身振りや目の動き、口上といったマジシャンの行為にはすべて役割がある。タイミングよくジョークを飛ばせば、相手の注意をトリックからそらすことができ、変化が察知されにくくなる。記憶もまた、トリックの成功に重要な役割を果たす。マジシャンは、同じ観客相手に同じトリックを再び披露してはならないと心得ている。2回目だと観客が変化を見抜く可能性はぐっと上がる。たとえ、その変化がどこで起きているのかがわからなくてもだ。動作と変化とを結びつけた観客は、気をそらされたり、不注意盲を起こしたりしにくくなる。

最近では、知覚の鋭敏さを高める訓練は大きなビジネスとなっている。こうしたサービスを提供する団体が着想を得ているのは、簡単な課題の繰り返しによって知覚能力を向上させることができるとする研究だ。実験室実験の状況では「知覚学習」は効果があると証明されているが、日常生活にもその影響が表れるかどうかはまだいくらか疑念がある。知覚学習の効果は普通、それ以外の場面では表れないものだからだ。知覚学習の研究では、実験参加者は連続した数日間で1日数時間、特定の色や方向の識別などといった簡単な視覚課題の訓練を行う。当然のことながら、長期間の訓練で、特定の色や方向の識別はうまくできるようになる。それ自体はたいした驚きではない。長年にわたる視覚世界での経験によって、わたしたちがすでにその道の達人になっているのは予想済みだから。訓練によって、それまでよりさらに向上が見込めるのは明らかだ。とはいえ、「それ以外の」色や方向の識別能力は向上しない。効果が出るのは、一つの特定の技能についてだけだ。たとえば、垂直方向の動きの検出は得意になるかもしれないが、水平方向の動きの検出能力が上がるわけではない。特定の動きに関する技能は持続することが知られており、知覚学習の効果は数カ月後も顕著であることが多い。だが、知覚学習は無意識のプロセスだ。つまり、実験参加者らは自分が何を学んだのかを正確には言い表せないのだ。

　知覚学習ビジネスの団体によく知られるようになった研究の一例が、野球選手のグループが物体の知覚訓練を受けるという実験だ。実験参加者は1回25分間の訓練を30回受け、その訓練のなかで、かろうじて見える程度の物体を見つけ出さなければならなかった。訓練のあと、彼らの知覚能力は向上し、次の試合ではもっと点を取れるようになった。打率は上がり、ボール球《だま》に手を出さない判断もよくなった。一見、すばらしい結果のようだが、多少の問題も浮上した。その一つが、統制群がないという問題だ。統制群がないと、その効果はプラシーボ効果のせいかどうかが不透明だ。もちろん、科学とはそういうしくみのものだともいえるだろう。誰かがある考えを提案すると、別の科学者らがそれをさらに研究しようとする。しかし、ひと握りの研究に基づいて、組織として全面的な結論を出そうとするのは問題だ。ビジネス団体は大口を叩く。携帯できる画面やアプリの発達のおかげで、毎日、簡単に短時間で知覚能力向上の訓練ができるようになりつつあると。だが、この手の視覚訓練の効果に対する科学的証拠の数は、非常に少ないのだ。

最近、新奇性を狙って市場に登場したものに、ストロボグラスがある。それは、サッカー選手などをより迅速にボールに反応させるための、専用の眼鏡だ。その技術は、すでに世界中のサッカークラブから人気を集めている。発想はきわめて単純だ。眼鏡をかけると、普段の流れるような視覚映像ではなく、1秒間に5~150回遮断された像が見える。像はちらつき、動きは途切れ、静止像が連続しているように見える。このストロボグラスの考案者によれば、移動する物体よりも、静止した物体のほうが、人間にはすばやく処理できるので、この眼鏡は動作スピードを高めるのだという。理論上は、ちらつく像は、飛んでくるボールの位置を把握するゴールキーパーの能力を高める。この眼鏡による訓練は、眼鏡をかけていない状態にも影響を及ぼすかもしれない。すでに脳は、複数の静止像を連続させて、流れるような動きを実現するように訓練されているからだ。だが今のところは、以上の主張を裏づける科学的な証拠はあまりない。いくら著しい上達が見られたとユーザーが熱心に訴えても、信頼できる統制群がない以上、この種の訓練方法の効果に関してはどんな科学的主張もできないのだ。

もし、しっかりと統制の取れた実験を行って、知覚学習の効果は必ずしも別の状況で生じるわけではないとわかったら、ストロボグラスでの訓練は本当に有効なのかという疑問が生じるだろう。市場に出ている視覚訓練方法の数は驚くほど急増しており、そのしくみは想像力をかき立てるものではあるかもしれないが、科学的根拠はほとんどない。当面の間は、こうした技術について必要な科学研究が行われるのを待つしかない。

年を取るごとに知覚は鈍くなる。これは主に、水晶体の柔軟性の喪失など、目の変化によるもので、脳の変化とは関係ない。目そのものの状態を改善できるような視覚訓練方法はないが、視覚的な環境との相互作用を高める方法はある。そのような方法の一つが、第3章で述べたような、注意の及ぶ範囲を広げようという訓練だ。この方法は知覚ではなく視覚的注意に注目するが、そのことは注意の訓練がなぜ有効なのかという、大事な理由を物語っているのかもしれない。

もちろん、知覚学習などというものは存在しないという意味では決してない。たとえば、子どもの頃、わたしたちはVとUとの区別を学習する。人が身につける視覚的な専門知識の多くは、知覚学習に基づいている。自分でも驚くのだが、現在、わたしは実験データの解釈がすみやかにできる。学生時代のわたしときたら、グラフとにらめっこすればその意味がわかるのでは、などとむなしい希望をもつほどお手上げ状態だったのに。「ビッグデータ」の登場によって、すばやくデータを検討することはさらに難しくなっている。データが過剰なあまり、なかなかパターンを特定することができないのだ。パターンを見つけるためには、コンピューター・アルゴリズムに頼らなくてはならないし、データを「ざっと見る」のではパターンを特定することはできない。ちょうど化学式を読もうとする化学者のようなものだ。専門家に、なぜ特定のパターンがわかるのかと尋ねてみるとよい。きっと、答えはもらえないだろう。すべて無意識のなせる業《わざ》なのだ。知覚学習研究の草分けであるエレノア・J・ギブソンは、こう書いている。「わたしたちはただ見る（see）のではなく、観る（look）。ただ聞く（hear）のではなく、聴く（listen）のだ」と。パイロットは飛行機の計器を見ることで、機体の状態をすばやくチェックすることができるが、個々の計器を調べるわけではない。それには注意を要するし、あまりにも時間がかかりすぎるからだ。大事なのは、注意をシフトすることなく視覚的パターンを識別できること、つまり「直感」に頼るということだ。

以下に述べるのは、知覚学習を実地に活かした例だ。知覚学習は医学の世界にも適用されており、外科医は体の組織の画像判読によってパターンを特定する方法を学ぶ。たとえば胆囊《たんのう》を摘出する際は、カメラで体内の画像を映し出す。カメラを使って、外科医は的確な位置まで進む。必要な専門知識を身につけるまでには長い時間がかかるが、知覚学習はそのプロセスを加速させる手助けをする。実験では、学生のグループの半数はごく短時間で一連の画像を見せられ、その画像が体内のどの部分かを特定するよう求められる。一方、残り半数の学生は長い時間、好きなだけ画像を見て回ることができた。試験をすると、画像を長い時間見ることができたグループに比べて、知覚学習を行ったグループの点数は４倍高かったのだ。このことが示すのは、パターンを特定する直感を鍛えることは、非常に効果的かもしれないということだ。無意識にパターン特定ができるようになる技術は、現在、医学教育で使われ、たとえば、多様な皮膚疾患をすみやかに特定できるよう学生を援助している。

記憶は、自分がまわりの世界をどう経験するかを決定する。過去という眼鏡を通して現在を見ている、ともいえるかもしれない。これは実に合理的だ。どこを見れば自分の興味を引く情報が見つかるかがわかり、ある状況にすばやく反応して、周囲から正しい情報を選んでさらなる処理を行うことができるからだ。だが、期待どおりにいかないとき、わたしたちは知覚の限界を目の当たりにし、都会のまんなかで突進してくるスクーターをあっさり見逃してしまうのだ。

第7章

不具合が起きるとどうなるか？

――脳損傷が注意について教えてくれること

ハンクは74歳。ずっと塗装工として生きてきた。退職後も相変わらず、ペンキと刷毛《はけ》を手に毎日忙しくしていた。ある日、兄の家のフェンスを塗っていたハンクは、重度の脳卒中に襲われ、はしごから転げ落ちた。搬送された病院で神経心理士に「なぜ、あなたはここにいるかわかりますか?」と尋ねられ、ハンクは少し考えてからこう答えた。「なぜって、救急車でここに運ばれたからさ」

「痛みはありますか?」

「いや、それほどでもない。ただ、少し疲れたし、ここの食事はひどい」

ハンクが医師に告げなかったことがある。それは、視覚世界の半分が見えていないことだ。そのときハンクは頭頂葉《とうちょうよう》の損傷のせいで、視覚世界の左側もしくは右側に注意を向けるのが困難になる「半側空間無視」という状態に陥っていた。

半側空間無視は通常、脳の右半球の損傷によって生じる。脳のその部分にある注意領域は、左視野への注意の移動を担っている。半側空間無視によって生じる障害は患者にとっては深刻だが、同時に、それは身のまわりの探索には注意がどれほど重要かを告げているので、われわれにとっては興味深い問題でもある。症状は重症度によって違い、最も深刻な場合、無視される半側空間で何が起きても患者はまったく気づかない。食事の際、ハンクはトレーの右側の物だけを食べる。トレーの反対側の情報は入ってこないため、右側の分を食べ終えた時点で完食したと思っている。ただ、トレーをくるっと回して、残りの半分が視覚世界の「無傷の」部分に現れれば、まだ食べ終えていないとわかる。歯を磨くときも、異常のない視野で確認できる部分だけを磨く。ひげ剃りは、顔の右半分だけになる。

この疾患の最も難しいところは、大多数の患者が自分の障害に気づきもしないことだ。神経心理士との会話のなかで、ハンクは注意を移すのが難しいことについては何も言わずに、自分が病院にいるのは救急車で運ばれたからだと言った。世界の半分を見逃しているのに、彼にはそれがわからないのだ。自分自身の状態に対する、こういった感覚の欠如は回復を非常に難しいものにする。神経心理士と会話してもらうのは、その感覚を深めてもらうためだ。神経心理士はハンクの注意を損傷のある側に向けようと、さらに質問を重ねた。「自分の左手を見てください。何が見えますか？」

神経心理士の明確な指示のおかげで、ハンクは注意を左に向けることができ、自分の左手を見た。彼は手を見ながら言った。「きれいだな。いつもはペンキで汚れているのに」。それから、彼は視線をすばやく右手に移した。「こっちの手は痛いな。さっき、注射されたせいだ」。彼の注意が右手に戻ったとたん、再び左手は存在をなくした。これは、半側空間無視の患者によくあることだ。彼らは実は注意を移動させることはできる。ただし、明確な指示が必要で、しかも短時間に限られる。彼らの注意は、あっという間に無視されていない視野に戻ってしまう。たとえば、部屋のドアがハンクの左側にあるとき、医師は彼に気づかれることなく、そこから部屋に入ってくることができる。ただし、そこで医師がハンクの名を呼べば、彼の注意はゆっくりと医師のほうに向き始める。

すでに見てきたように、注意は外界の物体が何であるかを確かめるのに、重要な役割を果たす。患者が外界の特定の部分にまったく注意を払わなければ、そこにある物体には全然気づかないだろう。自分が病気だという感覚がないのは、これで説明できるのかもしれない。もし、「君は視覚世界の一部をまるごと失っているのに、それに気づきもしないの?」と言われたら、あなたはどう応じるだろうか。おそらく、そんなことは信じられないだろう。だからこそ、神経心理士の役割は重要だ。ハンクに自分が見逃している物を認識させることによって、世界の一部を無視していることを気づかせたいのだ。

脳損傷を受けた患者のおよそ25％が何らかの形で半側空間無視に陥るが、幸い、普通は短期間の問題で済む。原因は急性期に脳のあらゆるプロセスに影響が出るせいだが、結局は正常の状態に戻れる。たとえば脳卒中のあとは、余分な血液を脳から排出させねばならない。その処置が済めば、脳の多くの機能は正常に戻り、半側空間無視の問題もなくなる。脳損傷を受けてからわずか数日で、半側空間無視の症状はなくなるかもしれない。だが、一部の患者には慢性の症状として残る。つまり、注意を移す苦労はずっと続くのだ。

半側空間無視かどうかを確かめるための簡単な検査はたくさんある。病院のベッドの上で、短時間で行えるものだ。その一つは線分二等分試験というもので、患者は紙に描かれたたくさんの水平の線分を、それぞれきっちり二等分するよう求められる。線分の中心を正確に狙うには、線全体が見えていなければならない。左半側空間無視に陥っている人はこの試験に非常に苦労し、線分を右寄りの地点で分割しがちだ。患者は視覚世

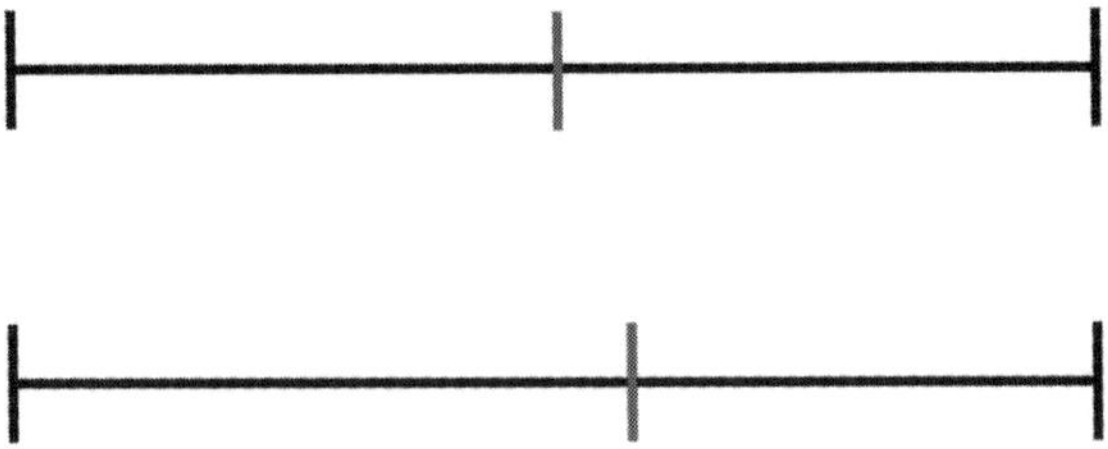

図 7.1　線分の中央

界の左側を無視しているので、当然、線分の左側も無視している。そのため、線分は実際より短く感じられ、結果的に線の中央は右寄りの地点だと判断される。

図7・1の例を見てほしい。上の線分はきっちりと中央で分割されている。下の線分は、左半側空間無視の患者が分割を行ったものだ。その分割地点は明らかに右に寄っている。

単純な模写課題によっても、障害は特定できる。たとえば、半側空間無視の患者は花や時計の半分側しか描けない。特に、時計を描いてもらうと、図7・2のような興味深い例が出てくる。患者の大半はちゃんと円を描くが、それは円を描くという作業は無意識にできるものだからだ。円はいったん描き

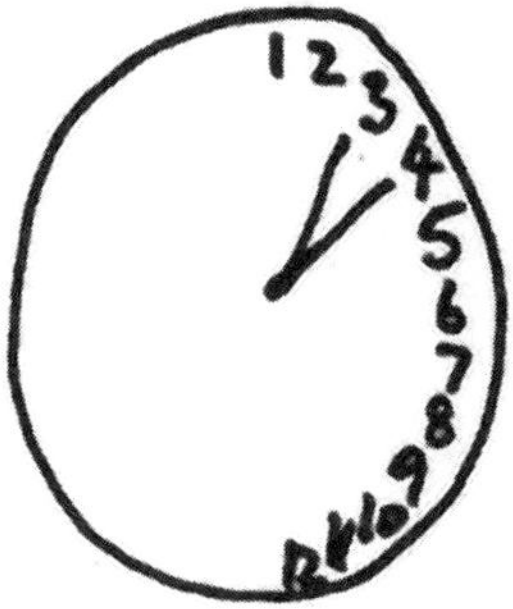

図7.2　半側空間無視

始めたらたいていは最後まで描けるもので、特に注意は必要ない。だが、時計の数字は思いもよらないところに描き加えられる。患者は時計には12の数字があるということはわかっているのだが、それを円のなかにうまく書き入れることができない。

探索課題も問題を浮き彫りにする。左半側空間無視の患者に「ここにある星印をすべて×で消してください」と言って、多くの妨害刺激が入った図を渡すと、患者は右側にある星印だけに×をつける。左側の星印はほとんど無視される。その患者の眼球運動を測定すると、半側空間無視であることは一目瞭然だ。左方向への眼球運動がほとんどない。これは運動技能に何か問題があるからではない。左方向への眼球運動の欠如は、左側への注意の欠如のせいだ。左側にまったく注意を払わないなら、患者にとって左視野に目を動かす理由はない。

無視にもさまざまな種類がある。近くや遠くの視覚空間に特定の影響を及ぼす無視や、聴覚情報や視覚情報の無視、身体の一部に対する無視、物体の右側もしくは左側に対する無視などだ。一部の患者に見られる興味深い種類が、記憶から呼び起こされたイメージの部分的な無視だ。たとえば、生まれ故郷にある広場をある地点から見たとして、ことばで表現してくださいと促すと、左半側空間無視の患者はその広場の右側の部分しか説明しない。だが、今の地点の向かい側に立つことを想像してもらうと、逆側(新たな視点から見た右側)について説明できるのだ。そこからわかるのは、無視は目によって知覚される視覚映像のみならず、心に浮かぶイメージにまで影響しうるということだ。さらには、視覚映像ではなく心に浮かぶイメージに対してのみ、無視が起こるという症例まである。

興味深いことに、一定期間が過ぎると、多くの患者は自分の注意欠陥を補償するための方略を用い始めるようになる。その結果、線分二等分試験や描画試験のような標準的な神経心理検査では、半側空間無視ではない人と比べても、何ら異常は見られない。しかし、だからといって注意障害が治ったわけではない。慢性期の患者は、プレッシャーのかかる状態や限られた時間内での課題遂行を求められると、やはり半側空間無視の症状を示すと考えられる。標準的な検査ではミスをなくせる補償方略も、そんなときは役立たない。慢性期の患者に難しい課題の遂行が必要な検査をすると、軽度の半側空間無視の症状が表れることが多い。だから、慢性期の患者については、回復をどこまで正しく断言できるかが問題になる。病院のベッドの上という比較的、楽な状態で線分をまんなかで分けることより、繁華街を歩くことのほうが脳にとってはずっと複雑な作業なのだ。

大事なのは、半側空間無視を盲目と混同しないことだ。半側空間無視の患者は全視覚世界を見ることはできるが、注意を移すことに困難を覚える。皮質盲《ひしつもう》の人たちとは違う。皮質盲は脳損傷によって起こるが、たいていは基本的な視覚情報が処理される視覚野という領域が影響を受ける。脳の右半球の損傷は左視野に問題をもたらすこともあり、逆もまた同様だ。視覚消失が全視野に及ぶことはほとんどなく、損傷部の神経領域が処理する部分だけが影響を受ける。

皮質盲の患者は損傷を受けたあとすぐに、自分の問題に気づく。見えていない側に頻繁に目を動かすのは、そちら側の情報を見逃しているかもしれないとわかっているからだ。また、通常は神経心理検査で、完璧な花を描くことも、すべての星印を×で消すこともできる。こうした患者は外を歩くときによく白杖を使うが、見えないのは視野の特定の部分だけだ。皮質盲は目の機能とは何の関係もなく、むしろ、視覚情報処理を担う脳の領域と関係がある。左側が見えない患者はよく「左目に問題がある」と言うが、結局、左目を閉じても右目で見た左側が影響を受けている。両目で知覚される視野の一部に対して、盲目なのだ。半側空間無視とは違って、皮質盲は注意欠陥ではない。患者は、見えない範囲に注意を移動させることはできるが、その範囲に基本的な視覚情報は存在しない。半側空間無視の患者と違って皮質盲の患者には、影響を受けた視野では、色も形もその他の視覚的な「組み立て用ブロック」も見えないのだ。

ご想像のとおり、ときに医師にとっては、半側空間無視と皮質盲との区別は難しい。両者ともに影響を受けた視野の情報は失われるが、片方は注意の欠如、もう片方は視覚処理の欠如によるものだ。次の状況を思い描いてほしい。患者は、ある点《ドット》に注目するよう言われる。同時に、左の視野に赤い四角が瞬間的に現れる。患者は、何に気づいたかを説明しなければならない。おそらく半側空間無視の患者も皮質盲の患者も、何も気づかなかったと答えるだろう。眼球運動がまったく見られない状況で、この二つの障害を見分ける唯一の方法は、赤い四角をずっと出しておくことだ。皮質盲の患者は、赤い四角がどれだけ長時間現れていようと、それに気づかないだろう。一方、半側空間無視の患者は、非常にゆっくりとではあるが注意をシフトすることができるだろう。眼球運動に基づけば、二つの障害は簡単に見分けることができる。皮質盲の患者は、そこに情報があるかもしれないとわかっているので左に目を向ける。半側空間無視の急性期にある患者は、そのようなことはしない。

　これらの障害に対応するリハビリテーション方法の開発には、数多くの努力があった。皮質盲は、回復の見込みのない永続的な障害だと考えられがちだ。見えない範囲を縮小できると謳《うた》う、市販のソフトウエアは数多くあるが、そういったものは一般にリハビリテーション施設では使われていない。ここ数年の多くの研究によれば、場合によっては、ある訓練プログラムが皮質盲の緩和に役立つという。見えない範囲にある多数の物体を識別する、という訓練だ。一部の患者に好転が見られたが、よくなった箇所は見えない範囲の境界に集中していた。微々たる回復しか見られないこともあるが、見えない範囲が半減する場合もある。

半側空間無視の場合はまた違った多くの訓練方法があるが、その有効性を検証できるだけの、十分な患者数をそろえた対照試験は満足に行われていない。さらに、半側空間無視にはさまざまなタイプがあり、それぞれの方法はおそらく特定のタイプにしか効かないだろうという問題がある。どの方法がどのタイプに有効かを見きわめるには、多くの時間と、言うまでもなく、通常は大手製薬会社から研究資金援助を得ることが必要となる。それでも、初期成果は期待できるものだ。たとえば、プリズム眼鏡は一部の患者の症状の緩和に役立つ。その眼鏡のレンズは研磨によって視覚世界を屈折させ、入ってくる視覚情報が実際とは違う場所に現れるようにできている。しばらくこの眼鏡をかけ続けると、患者はテーブルにある物を失敗なくつかむことができるようになる。その時点では、彼らは「順応した」といえる。だが、眼鏡を外すと、たちまちその順応性はなくなる。とはいえ、多様な診療活動を通して、長期にわたる効果も得られている。どうやら、プリズム順応は注意のシステムをリセットできるらしい。やや漠然とした言い方かもしれないが、今のところは、それで最もうまく説明がつく。この方法がどの患者に有効か、プリズム順応とは厳密にはどのような作用なのかを確かめるには、さらなる研究が必要だ。

皮質盲の患者のなかには、見えない範囲の情報に反応できる人もいる。彼らにとって、「見えない」とは相対的な問題らしい。たとえば、見えない範囲にある四つの点のいずれかから光が発せられる場合、チャンスレベル（偶然の確率）を超えてその光点を正確に言い当てる患者がいる。患者にとっては簡単な課題ではない。電話の相手から「今、わたしは指を何本立てているでしょう？」と尋ねられる場面を想像してほしい。「そんな質問には答えられない」とあなたは言うだろう。そんなことわかるもんか、と。だが、その患者らに四つのライトのうちどれが点いたか当てるよう求めると、正解率はおおむね、チャンスレベルである25％を上回るのだ。同様の結果は、動きに関しても得られる。患者はある動きが上向きか下向きかを正確に答えられるが、明らかに実際の動きは見えていない。こうした現象は知覚に関する、色や方向などのほかの「組み立て用ブロック」についても報告されている。興味深いのは、この患者らはたとえば「赤や緑などの色を感知した」とは決して実際には言わないことだ。彼らが色を推測したときだけ、こうした情報は明かされる。見えない範囲にある物体が患者の行動に影響を及ぼすことを「盲視（blindsight）」という。

では、どうしてこのようなことが起こるのだろう？　後頭葉《こうとうよう》にある視覚野で視覚情報を処理することで、物は見えるようになる。この領域に損傷を受けると、皮質盲となることがある。だが、脳とは広大なネットワークなので、視覚情報は脳の別の部位にもたどり着く。そういった領域のなかには、視覚情報は受け取るが、視覚野ほどのレベルまでには処理できないという場所もある。そういう領域で行われる処理は視覚野での処理とは違って、意識的な知覚をもたらさない。たとえば、情報は上丘《じょうきゅう》という中脳にある領域に送られるが、上丘は視線を集中させる場所の決定に大きな役割を果たすところだ。実験によって、皮質盲の患者の見えない範囲に目立った妨害刺激が現れると、眼球運動に影響が及ぶことがわかった。だが、それが実際に患者の役に立つのか、それとも、ただの実験室でのおもしろい発見にすぎないのかはわからない。可能性として、見えない範囲にいきなり現れる目立つ物体は、患者にとって印象のない物体に比べて、よりすばやい反射的な眼球運動をもたらすことはあり得る。

盲視の場合、入ってくる視覚情報に関する知識は脳で得られるが、患者は意識的にそれにアクセスすることはできない。この状況が当てはまるのは特殊な場合に限られるものの、このことは強調に値する。そうした影響は、皮質盲の患者の大多数には見られない（適切な実験がまだ行われていない可能性もあるが）。なぜ、こうした影響が見られる患者とそうでない患者がいるのかはわからない。目と中脳との結びつきの強さが一役買っているのかもしれないとする研究もあるが、こうした患者の視覚野の損傷範囲は狭く、まだ機能するニューロンの「島」があるのかもしれないともいわれている。つまり、入ってくる情報に基づく反射行為は、たとえ意識的知覚がなくても起こりうるというのだ。

盲視の研究は興味深い疑問を投げかける。「気づいた」とは言えないものの、確かに目に捉えられた情報には、どんな影響力があるのか？　すでにわかっているとおり、わたしたちがことばで表現できるのは、網膜に映る限られた視覚情報についてだけだ。この視覚情報を「意識」と呼ぶことにしよう。あなたが意識しているのは、受け取ったあらゆる視覚情報のほんの限られた一部でしかない。残りの情報は脳で処理されるが、あなたはそれに気づかぬままだ。まるで、盲視の場合と同じように。この無意識の情報の影響を説明できる興味深い現象が、いわゆる「注意の瞬き（attentional blink）」だ。注意の瞬きは、次々と流れ込む情報を迅速に処理しなければならない場合に起こる。たとえば、実験参加者は黒い文字が次々と提示されるなかで、二つの赤い文字が出たら報告するよう求められる。文字は画面の中央の同じ場所に続々と提示されるが、その時間はわずか100ミリ秒だ。それでも、文字の認識には十分な時間なので、参加者は普通、最初に出た赤い文字については正確に報告する。だが、次に出る赤い文字に関してはおもしろいことが起こる。最初の赤文字の直後に次の赤文字が現れると、たいていの参加者は何の問題もなくそれを報告する。ところが、最初の赤文字と次の赤文字の間に黒文字がいくつか（上限は五つくらい）挟まると、ほとんどの参加者が2番目に出た赤文字を報告できないのだ。二つの赤文字の間に五つより多くの文字が挟まれば、結果は正常に戻る。

これが意味するのは、ある文字をワーキングメモリにとどめるとき、注意の機能は一時停止するということだ。実験参加者は最初の赤い文字を同定するだけでなく、実験のあとでその文字を再生する必要もある。気づいた二つの赤文字が何だったか、報告しなければならないからだ。最初の赤文字の記憶保存をしている間は、ほかの文字は同定できない。まるで注意が一瞬、目をつぶったかのようだ（だから「注意の瞬き」と呼ばれている）。だが、注意の瞬きが始まるまでには少し間がある。だから、最初の赤文字の直後の赤文字は記憶されるのだ。この結果のおもしろいところは、その赤い文字以外は何も示されていない画面に１００ミリ秒間提示されても、２番目の赤文字は実験参加者に見落とされる可能性があるということだ。もちろん、正確には、それは参加者の意識的な知覚から逃れたといえるだろう。結局、２番目の文字は実際には脳の一部で処理されているのだが、それでも参加者は２番目の赤文字を報告することはできないのだ。

押し寄せる情報の流れのなかで、２番目の対象はどこまで処理できるのだろうか？ここまでは黒文字の間に赤文字が現れる形を検討してきたが、２番目の目標刺激が実験参加者にとって重要な情報となるレベルに変わると、注意の瞬きはかなり減少する。どうやら、2番目の目標刺激の識別はできるようだが、それはその瞬間的な情報が本人にとって重要な場合に限るらしい。異なる原理が働いているように感じられるかもしれないが、通常、無意識の情報がいつ意識への浸透を許されるかの決定は、わたしたちによってではなく、わたしたちのためになされるようだ。たとえば、実験参加者が情報の流れのなかである色を探すよう求められるとき、2番目の（色つきの）単語に感情的なニュアンスがあると、注意の瞬きの程度に影響が出る。2番目の目標刺激が「戦争」のようなネガティブなイメージをもつ単語だと、まったくネガティブなニュアンスを含まない単語に比べて、実験参加者から報告される率が高まる。つまり、画面に出るすべての単語は意味として処理され、参加者の脳はその意味を理解する。その単語が重要か否かを判断するためには、単語の意味を知っていなくてはならない。注意の瞬きの程度の減少は、この課題を変化させた形でも同様に見られる。特定の表情を浮かべた顔の探索のような状況でも、似たようなことが起こるのだ。感情を伴わない表情に比べて、怒りの表情を浮かべた顔は、注意の瞬きの最中でも報告されることが多かった。これは毒蜘《ぐ》蛛《も》の画像の場合にも当てはまり、とりわけ蜘蛛を恐れる人には注意の瞬きが起こりにくくなる傾向が見られた。

ここで一歩下がって、注意と意識の関係をもう一度、よく見てみるのもよいだろう。これは見解の分かれるテーマであり、毎度、科学的な論争を巻き起こしている。わたしの考えでは、注意の瞬きに関する結果が意味するのは、実験参加者が報告できなかった情報はそれでも、脳がその情報の意味が成立する程度には処理されていたということだ。注意の瞬きの最中、その対象の意味は、その後、それが意識レベルか無意識レベルのどちらに留め置かれるかを決定する。すでにわかっているように、注意は対象が何であるかを明らかにするのに必要だ。つまり、注意は意識の必須の前提条件であり、人は注意が向けられたものだけを意識することができる。とはいえ、注意を向けたものすべてを意識しているわけではない。特定の対象に注意が移動し、その正体が明らかになったあとで、それを意識的な情報にするか無意識的な情報にするかが決定されねばならない。

もう一度、注意の瞬きの例を見てみよう。単語は次々と画面の中央に提示される。注意が集中する場所がどこかは言うまでもない。相次いで提示される単語はすべて、「注意の窓」のなかに入ってくる。このことからも、すべての単語が意味のレベルまで処理される理由はわかる。だが、注意の瞬きの間は、わたしたちは画面に示されている単語を意識していない。注意の瞬きということばはむしろ、少々誤解を招くかもしれない。瞬いているのは注意ではなく、あなたの意識なのだから。

注意の瞬きを軽減するにはいろいろな方法がある。オランダの科学者ヘレン・スラフターらは、瞑想が注意の瞬きの軽減につながることを発見した。実験参加者らは3カ月にわたって、「ヴィパッサナー」という、マインドフルネスと関連する多くの技術を利用する一種の瞑想の集中訓練に参加した。瞑想の訓練をまったく経験したことのない参加者グループと比べると、瞑想訓練プログラムを終えたグループは、2番目の目標刺激をよりうまく同定できた。課題実行中は実際に瞑想をしていたわけではなかったが、瞑想という過去の経験のおかげでうまく課題を実行できたのだ。つまり、彼らは最初の目標刺激を記憶保存しつつも、すべての情報を意識にとどめられたということだ。

瞑想によって、人は入ってくる視覚情報に対してあまり強く反応しすぎないようになる。そうすると、それ以外の情報が無視されにくくなる。全神経を集中させなくても二つの目標刺激が見つかるような実験では、注意の瞬きは減ることが判明した。むしろ、何らかの報酬を出すから好成績を上げてくれと言われると、実際はうまくいかなくなるのだ。このような場合、実験参加者らは課題に集中するあまり、最初の目標刺激を見るとすぐに入口を閉じてしまう。そうなると、2番目の対象を見逃すことが多くなる。一番いいのはリラックスして、あまり成績を気にしないことだ。リラックスしていると、外界に対して心が開かれる。この情報は覚えておいて損はない。いつ実行に移せるときがくるかわからないからだ。

注意の瞬きの強さに及ぼす集中力の影響は、実験参加者のグループにときどき見られる大きなばらつきからわかる。これも周知のことだが、実験参加者すべてに注意の瞬きが見られるわけではない。この課題を行う際、いわゆる「注意の瞬きを起こさない人」は、それを起こす参加者とは違った脳活動を見せる。彼らは情報処理がすばやく、そのため、より柔軟に情報を意識にのぼらせるようだ。開放的、外向的といった性格特性と「注意の瞬きを起こさないこと」との関連を調べた研究まである。一方で、行動面で神経質傾向のある人は注意の瞬きが強くなる傾向がある。視覚の研究分野に比べて、この分野は用語の定義があまり明確ではないのかもしれないが、こうした研究は、意識のフィルターは万人に同じように働くわけではないことを示している。

注意の瞬きの研究結果を現実世界に当てはめるのは、容易ではない。それでも、現実世界とは絶えず視覚情報がどっと押し寄せる場であり、脳は、その視覚情報を意識にのぼらせるか否かの選択をしなくてはならない。研究によれば、情報の関連性が肝心だという。わたしたちは当面の問題に関連する情報を意識するようになり、それ以外は無視するのだ。

もし、無意識の情報を意味のあるレベルにまで処理することができたら、無意識のレベルにある人に影響を与えることも可能に違いない。このことをさらに詳しく見ていくために、まず視覚マスキングという概念についてレビューしておく必要がある。視覚マスキングの実験では、単語などの情報がごく短い時間提示される。その単語が消えた直後に、その場所に新たな視覚情報（たとえば、たくさんの x など）が提示される（これがいわゆるマスク刺激である）ため、実験参加者は最初の単語に気づくことができない。このマスクが、ちらりと提示された単語をかき消すので、参加者はその単語を意識化することができなくなるのだ。マスクが消えると、はっきり見える別の単語が提示され、参加者はその単語が正しく綴《つづ》られているかどうかを判断しなければならない。マスキングされた単語の意味が次に提示される単語と関連する場合は、関連がない場合と比べて参加者の反応は速い（たとえば、「医師」という単語が、マスキングされた「看護師」という単語に続く場合、マスキングされたのが「パン」という単語である場合よりもすばやい反応が見られる）。この効果は「サブリミナル・プライミング（あるいは、無意識的プライミング）」として知られている。

サブリミナル・プライミングは、すべての広告代理店にとって夢のような話だ。消費者自身にさえ気づかれずに作用するなんて、願ってもない効果ではないか。気づかれないようにランダムな瞬間に情報をただ提示するだけで、消費者にほぼどんな行動でもとらせることができる。当然だが、こういった広告宣伝は多くの国々で禁止されている。

しかし、サブリミナル・プライミングとは本当に機能するものだろうか？　1957年の悪名高いコカコーラの事例については、あなたも聞いたことがあるかもしれない。ジェームズ・ヴィカリーという市場調査業者が、ニュージャージー州の映画館で上映中の映像のなかに「コカコーラを飲め」「ポップコーンを食べろ」ということばを入れ込んだとされる件だ。そのメッセージは、映画を観る人には意識的には知覚できないようになっていた、とされている。そのことばがスクリーン上に現れたのはわずか3000分の1秒の間のことだった。ヴィカリーによれば、結果的に商品は一気に売れたといい、コカコーラの売り上げは18%、ポップコーンの売り上げは58%も跳ね上がったという。この話はアメリカ中でトップニュースになり、全国から抗議の声が上がった。のちに、これは完全なつくり話だったことが判明した。ヴィカリーは自分の市場調査会社に注目を集めようと、話をでっち上げたのだ。のちに、同種の研究が従来の方式で行われたが、サブリミナル・メッセージが視聴者の行動に影響を与えるかどうかは、大半の試験では証明できなかった。だが、一つだけ例外がある。閾下《いきか》に(サブリミナルに)得られた情報は、そのメッセージが実験参加者の目的と一致すれば効果があるようなのだ。たとえば「コカコーラを飲め」という文言は、実際に参加者の喉が渇いていて、その目的が飲み物を見つけることである場合にのみ、影響するだろう(その実験では、参加者は事前に食べるようにと塩辛い食べ物を渡されていた)。だが、そのようなメッセージが、実際に広告宣伝に影響するとは考えにくい。指摘すべきは、こうした実験はごく短期間のうちに行われたことだ。おそらく効果は一時的なもので、視聴者への作用を試みてから数分ですっかり消えるだろう。

それでもなお、サブリミナル・メッセージに関しては、いわくありげな話がほかにもたくさんある。たとえば、ブッシュ対ゴアの選挙運動中、ジョージ・W・ブッシュの政見放送で、アル・ゴアの名前のあとに自然に「ねずみ(rats)」という単語が瞬間的に現れた。これは「官僚(bureaucrats)が決める」という文の一部ではあったのだが、ratsの文字はそれ以外の文字より一瞬早く現れた。動画作成者は不正行為を完全否定し、故意ではないと述べたが、大混乱は止められなかった。２００７年、アメリカでも同様の事件があった。『アイアン・シェフ(料理の鉄人)』というテレビ番組のある放送回で、スポンサーの一つであるマクドナルドのロゴが瞬間的に現れたのだ。この件でも、制作者はすべてを否定し、技術的な誤作動のせいだとした。

なかには、サブリミナル・メッセージの利用を率直に認め、それを自分のトレードマークにさえするような映画監督もいる。たとえば、映画『ファイト・クラブ』には、明確な目的のないサブリミナル映像があふれている。その映像は故意に挿入したものであって人為的ミスではないことを、制作者は映画会社の品質管理者にわかってもらうのに苦労したようだ。

サブリミナル・プライミングの場合は、情報はマスキングされる前に瞬間的に提示されるが、実験参加者に気づかれずに、数秒間、情報が提示できるような技術もある。この技術は、人の両目は通常、同じ画像を見るという点を利用する。左右逆の鏡像と二つのスクリーンを使って、左右それぞれの目に別々の画像を見せる。最初は、一つの画像だけが重なり合うことなく見える。だが、しばらくするともう一つの画像がゆっくりと見えてきて、二つの画像が交互に見えるようになる。二つの画像は張り合い、やがて闘争に発展する(この現象は「視野闘争」として知られている)。もちろん、片方の画像が強力で、必ずもう片方を負かすことが確認できる。その一例が、片方の目では動画(たとえば白黒のまだら模様がグニャグニャ動くようなもの)を見て、もう片方の目では静止画像を見る場合だ。数秒間、見ていたにもかかわらず、実験参加者は静止画像の内容を絶対に説明できない。これが興味深いのは、片側の静止画像は数秒間、完全に見える状態で、片方の目には映っているからだ。皮質盲の患者が陥っているのと似た状況が出来上がるが、脳に損傷はない。

この技術によって、脳に損傷を負っていない実験参加者に提示される、サブリミナル情報の効果を研究することができる。最も興味をそそられる例の一つが、「抑制される」側の目、つまり静止画を見るほうの目に、性的な画像が提示されるという実験だ。この実験後、参加者らは見たものについて、まだら模様が動いていたということ以外に何も報告できなかった。ところが、その後、性的な画像が提示されていたのと同じ場所に何らかの目標刺激が提示される実験が行われると、彼らはすばやく対象に反応したのだ。抑制された性的画像が女性の裸体であった場合に限ると、その反応の速さは男性で明らかだった。また、画像が男性の裸体であった場合に限れば、その作用は女性に働いていた。つまり、それらの画像がどの程度まで処理されていたかは、参加者の性的嗜好によって決定されていたのだ。もちろん、すべての男性が、女性の裸体を見たあとにすばやく反応していたわけではない。同性愛者の男性がすばやく反応したのは、男性の裸体の画像を見たあとだけだった。

この技術を少し調整すれば、抑制された画像は結局、参加者に見えるようになる。抑制された画像を徐々に強力にしていく。最初は、画像はぼんやりしているが、すぐに完全にはっきりする。そのとき、抑制された画像は、まだら模様の動画を打ち負かす。その技術は、画像が視覚的意識に浸透するのにどのくらい時間がかかるかという研究に利用されている。重要な情報は常に、あまり重要でない情報よりも速く到達する。画像の内容に基づいてどの情報が優先されるかを決めるのは、ここでもやはり脳である。

たとえば、ある画像に対してどの程度の優先性が与えられるかを決めるのは、ワーキングメモリの内容によるということは、すでに発見されている。わたしたちは大勢の実験参加者に、ある色を覚えてもらった。その色が問題なく記憶に保存されたところで、彼らの抑制されるほうの目にある画像を提示した。その画像の色がワーキングメモリに保存したのと同じ色だった場合、意識への浸透にかかる時間は色が違う場合よりもずっと短かった。どうやら、脳は絶えずせわしなく、関連情報の優先順位づけをしているようだ。パーティーで赤い服を着た人を意識から振り払えないという事例について、もう一度考えてみよう。その場合、目に入るすべての赤い服に注意が引かれるだけでなく、赤に関するほかのどんなわずかな情報もすばやく視覚的意識にのぼってくる。

あの塗装工ハンクの行動も、無視された視野の情報に影響を受けているだろう。無視された視野の情報がもたらす影響について、実験した好例がある。二つの家の線画が上下に並べられ、左半側空間無視の患者に示される。患者はどちらの家に住みたいか答えねばならない。二つの家はそっくりだが、一つの点だけが違っている。下のほうにある家からは火の手が上がっているが、上の家には何ごともない。炎は家の左側に描かれているので、患者はそれに気づくことができない。しかし、どちらの家に住みたいかと問われると、患者は上の家（火事になっていない家）がいいと答える。患者本人も理由はわからないのだが、火事になっている家には住めないと実際には言わなくても、患者がそう選択したのは明らかである。

無視された視野情報の影響に関して、無視の状況は注意の瞬きの事例と類似することが知られている。一部の患者では、情報は意味のレベルまで処理される。たとえば、無視された視野に瞬間的にリンゴの画像を提示し、損なわれていない視野に「木」という単語を提示すると、画像が意味的に木とまったく関係ない場合より、「木」という単語への反応は速まる。つまり、無視された視野にある視覚情報の「組み立て用ブロック」は実は結びつけられ、患者の脳は無視された対象の正体にアクセスしているということだ。だから、無視された視野に注意を移すのは不可能だと考えるべきではない。損なわれていない視野に競合する情報が何も提示されない場合、無視された視野に突然現れる情報は注意のシフトにつながるが、その情報が意識に入ってくることはない。その場合、対象の正体を把握できるだけの注意は払われるが、それを意識にのぼらせるまでには至らない。指摘すべきは、これが機能するのは、ほかに視覚情報が提示されない場合に限るということだ。無視された視野と損傷のない視野に同時にそれぞれに画像が提示された場合、必ず損傷のない視野の画像が注意を引き、無視された視野ではそれ以上の処理は進まない。

つまり、注意はこのように働く

ハンクの状況は、まったく注意を払われない情報がどうなるかをはっきりと示している。注意を移す能力には限りがあるので、わたしたちは外の視覚世界の時々刻々の詳細を、頭にとどめることはできない。だからこそ、アテンション・アーキテクトは、わたしたちの注意を得ようと臨戦態勢でいるのかもしれない。結局、注意を集められる人は誰でも、たとえほんの一瞬であったとしても、人の意識にアクセスできるのだ。それ以外の情報はあっさり無視されるのだが、アテンション・アーキテクトにとって、自分たちのメッセージを無視されるほど最悪なことはない。

注意を説明する最もふさわしい比喩の一つが、劇場のスポットライトだとわたしは思っている。それらしい比喩ではあるが、ある重要な点についてだけは当てはまらない。わたしたちは劇場のスポットライトの操作はできないが、注意については操作できるという点だ。だが、場合によっては、反射に操られ、注意は自動的に外界から侵入する情報に引きつけられる。どうにもできない場合もあるが、注意がこのように引きつけられることを知っているだけでも、とても役立つ。たとえば、どうしても何かに集中する必要があるときは、スポットライトを小さくすれば周囲からの情報の侵入を無視することはできる。それでも、身のまわりのあらゆるものをどこまで無視できるかには、限界がある。たとえば、反射は危険な状況に反応するという任務を負っている。残念ながら、この反射が「誤用」されて、いらない情報が踏み込んでくることがある。周囲のあらゆるものは注意の争奪戦を繰り広げるが、注意がどう働き、誰が勝者となるかを最もよくわかっているのがアテンション・アーキテクトたちなのだ。

視覚世界はめまぐるしさを増し、それによる集中力への影響について、最近、多くのことが語られている。たとえば、子どもたちの集中力が何に対してもあまり長続きしないのは、入ってくる情報があまりにも多すぎるからだという主張がなされている。だが、この主張はまだ科学的には立証されていない。真実は、人々が考えるほど明快ではないかもしれない。もしかしたら、わたしたちは侵入する情報を無視することにだんだん慣れてきているので、実は注意の誘導がうまくなっているのかもしれない。たとえば、バナーブラインドネスについて考えてみよう。ウェブサイトに現れる点滅するバナーを、わたしたちはうまくあしらえるようになった。初めて訪れた新たな環境では、たくさんの妨害をかわしていくのは容易ではないと、誰もが知っている。だが、慣れた環境では、過去の経験のおかげで、いくらまわりに気を散らす邪魔物があっても自分の状況はわかる。だから、注意力の欠如に関して断定的なことを言うのはあまりに短絡的に思える。それはすべて、自分の状況にかかっている。経験も予測も、状況によって異なる。いずれにしても、わたしたちは決して反射的な注意の奴隷ではない。その制御はできるし、この世界のなかで効率よく、自身の進むべき道を歩んでいくために、すばやく注意をシフトする方法も、押しつけがましい情報を無視する方法も知っている。

そんなに世の動きに敏感でなくても、将来、わたしたちの眼球運動はより細かく監視されるだろうという予測はできる。アイトラッカーの登場によって、アテンション・アーキテクトは人々が見たがる情報を入手できるようになるだろう。それは、まぎれもない情報の金鉱といえる。人が何に目を向けるかがわかれば、その興味の対象もわかる。もう、相手に尋ねる必要もない。その人の目の動きを追えばよいだけなのだから。

もちろん、誰かに情報を伝えるには、単に相手をこちらに誘導する以上のことが必要だが、まずはこっちを向いてもらうことが、とても大事な前提条件だ。あなたがつくった商品の広告を人に見てもらえなかったり、商品が店内の場違いなところに置かれていたりしたら、誰も買う気にならないだろう。

以上が注意の働き方だ。注意は入ってくる情報をフィルターにかける。だが、それは視覚世界でのわたしたちの経験に、どんなふうに影響するのか？　この本を読み終えたら、辺りをよく見てほしい。どんな情報が手に入るだろう。もし、アクセス可能な視覚世界が目に見える範囲に限られていたら、身のまわりの世界とはまさに、自分が座っている映画館みたいなものなのだろうか？　それについては何とも言えないが、いずれにせよ、その緻密さは、身のまわりの世界こそまさに自分たちの世界であるという印象をつくっている。わたしたちは、しかるべきタイミングでしかるべきところに注意を移せばよいと心得ている。その意味で、冷蔵庫のライトはいつでも点いている。だが、物事がうまくいかないとき、自分には全体像が見えていると思っていたのは、ただの錯覚だったのだと気づく。本書の冒頭に出てきたトンネルの交通障壁のことを思い出してほしい。いったいどうして、あれを見逃すなんてことがあるのだろう？

謝辞

1890年、現代の実験心理学の父であるウィリアム・ジェームズは「誰でも注意がどんなものかは知っている」と書いた。わたしたちが日常で使う注意ということばについては確かにそうかもしれないが(「注意・集中が続かない」など)、科学研究における「注意」についてはそうとはいえない。本書でささやかながら試みたのは、現代の科学研究が「視覚的注意」について何を伝えているかを説明することだ。だが、この知見の多くは、おそらく100年後には完全に時代遅れになっていることだろう。それでも、そうあるべきなのだ。科学とは、すでに打ち立てられた知見の上に新たな発見を積み重ねるという、動的なプロセスのことである。本書で述べた研究の知見のいくつかは、すでに賞味期限切れの可能性さえある。何しろ、それらはわたし自身の見解を強く反映したもので、すべての主張に疑問の余地がないとはいえないからだ。だが、わたしの主な目的は、誰もが手に取れる本を書くことだった。だから、微妙な差異や矛盾の一つひとつに対処することはできなかった。科学に終わりはない。だからといって、その追求は無駄だという意味ではない。それどころか、その途上で得られた新たな知見の一片は、わたしたちに物事のしくみをよりはっきりと示し、この世界への理解を促してくれる。

本書で記述した内容の多くには、幅広い意見の一致が見られるものもあるかもしれないが、全部がそうだとはいえない。科学界の向こう側にいる聴衆にアピールするような本を書こうと決めたとき、わたしの目標は現在の科学的議論を細部にわたって描くことではなかった。むしろ、注意に関する知見が、日常生活について語ってくれるものを説明したかった。わたしの書いた内容に渋い顔をする同僚がいることは知っているが、われわれが常に答えようとしている疑問や、われわれが行う実験のすばらしさに対して、何とかして読者の熱い興味をかき立てたいのだ。やはり、この仕事のなかで、わたしが何より好きなのは、行動をよりよく理解するための実験方法を考えることだ。脳損傷を受けた患者の研究は、この仕事を拡大させ、神経系が損傷を受けるとどんなことがうまくいかなくなるかについて、理解を助けてくれる。

お気づきかもしれないが、本書で言及した研究の多くはオランダで行われたものである。もちろん、偶然ではない。多くはわたしの仲間が行った研究で、わたしも熟知しているものだからだ。だが、オランダ発の研究を使う理由はそれだけではない。オランダは、実験心理学や神経心理学で世界をリードする存在なのだ。この分野には強固な伝統があり、あかあかと情熱を燃やし続ける、熱心な科学の先駆者たちもいる。

わたしの大勢の仲間たちは快く、本書の大部分に目を通してくれた。これについては、わたしの博士号取得の指導教官であるヤン・テーウェス教授に特に感謝したい。彼は、自分の研究結果に批判的であれとわたしに活を入れ、科学的に考えて不確かなところがあれば断定しないよう導いてくれた。彼のためにも、わたしがこの点で適切なバランスを見出していることを願いつつ、彼の本からも多くの実例を借用させてもらった。ヤン・テーウェス教授はアムステルダム自由大学の認知心理学科の主任教授であり、同学科は視覚的注意についての革新的研究で有名だ。そこで博士課程を修了できたことを、わたしはこの先もずっと感謝し続けるだろう。同大学の注意に関するもう一人の専門家で、いくつもの章をチェックするとともに、インスピレーションをもたらしてくれた、クリス・オリバーズにも感謝を捧げる。

ユトレヒト大学のヘルムホルツ研究所の仲間たちも、原稿のチェックに協力してくれた。特に、イグナス・ホーゲとクリス・パフェンに感謝したい。基本的な知覚に関する話題から脱線しかけると、彼らはすぐさまその危機からわたしを救ってくれた。そのうえ、イグナスはこの研究と日常との関わりを示す多くの好例を教えてくれた。ヘルムホルツ研究所はすばらしい職場だ。支援してくれたアルバート・ポストマに感謝を捧げる。ともに研究を楽しく行っているターニャ・ナイブールにもお礼を言いたい。

フランス・フェルストラテンとフィクター・ラムには、本書の初稿に建設的批評をいただいたことをありがたく思っている。

アテンションラボ*のみんなにも、その最高の研究に、これから手をつけようとするすごいアイデアに、ともに働くなかでの純粋な喜びに、日々、君たちから学ぶ多くのことに感謝する。ここ数年、楽しく指導させてもらっている学生諸君全員に対しても同じ気持ちだ。

＊　著者が率いる研究者集団。

エヴァ・ファン・デン・ブルークには、本書がまだ「漠然としたアイデア」だった段階で、すばらしい出版社を紹介してくれたことを大変ありがたく思っている。メイヴン社の方々からは、本書のオリジナルであるオランダ語版の出版に大きなお力添えをいただいた。サンダー・ルイスはわたしのアイデアから大事なことを見出し、ともに計画を考えてくれた。編集責任者のエマ・プントは、読者が退屈しそうな弱い部分を指摘してくれた。わたしにとって、さらに別の現象や実験について読むのは楽しいことだが、ほかの人はそれほどでもないというのは信じられない気もする。幸い、それについては前より理解できるようになったが。本書の販売促進を担当してくれたリディア・ブストラにもお礼を申し上げたい。

本書の国際版にあたっては、翻訳の労をとってくれたダニー・ギナンに、また、マサチューセッツ工科大学出版局（MITプレス）のアン・マリー・ボノとキャサリン・アルメイダに感謝したい。自分の本がMITプレスから出版されるのを誇りに思う。

わたしの研究を磨き、視覚的注意の理解を促し、この仕事をおもしろくしてくれたのは、以下に挙げるすばらしい国際的な協力者や友人、師だ。ボブ・ラファル、ジェイソン・バートン、マイク・ドッド、アンドリュー・ホリングワース、ダグ・ムニョス、デイビッド・メルヒャー、ヴィースケ・ファン・ゾイスト、クレイトン・ヒッキー、トッド・ブレイバー、マスド・フサイン。ジャネット・ブルティテュードには、その友情と第7章で登場したハンクについてのインスピレーションに感謝する。

ジャニーは毎晩、屋根裏部屋にお茶をもってきてくれて、時折わたしに話しかけてくれた。17年間のつき合いで、わたしがどういう人間か知っているのだ。ありがたいことに、ジャスパーとメレルはときどき、わたしを書き物から引き離してくれる。二人はわたしの注意を引きたくてしょうがないのだ（日曜の朝は別として）。わたしはこの二人をとても誇りに思っている。

この機会に、両親と姉にこれまでの恩を感謝したい。いくらお礼をいっても足りないくらいだ。

最後になったが、この本がわたしの願ったように出来上がったかどうかを判断するのは、読者であるあなただ。思ったままを、遠慮なく知らせていただければと思う。それでは、ご注目ありがとうございました。

参考文献

巻頭

James, William. (1890). *Principles of psychology* (p. 403). New York, NY: Holt.

はじめに

被疑者追跡中の不注意盲

Chabris, C., Fontaine, M., Simmons, D., & Weinberger, A. (2011). You do not talk about fight club if you do not notice fight club: Inattentional blindness for a simulated real-world assault. *i-Perception,* 2, 150–153.

第1章

外づけハードディスクとしての世界

O'Regan, J. K. (1992). Solving the "real" mysteries of visual perception: The world as an outside memory. *Canadian Journal of Psychology,* 46, 461–488.

シーンの高速処理

Potter, M. C. (1976). Short-term conceptual memory for pictures. *Journal of Experimental Psychology: Learning, Memory, and Cognition,* 2(5), 509–522.

クリス・オリバーズ教授の講義から引用した「情報肥満」の考え方

Olivers, C. (2014). *iJunkie: Attractions and distractions in human information processing.* VU University, Amsterdam.

バーチャルリアリティが人間の知覚に適応するしくみ
Reingold, E. M., Loschky, L. C., McConkie, G. W., & Stampe, D. M. (2003). Gazecontingent multiresolutional displays: An integrative review. *Human Factors*, 45(2), 307–328.

第2章

ラドブローク・グローブ駅での列車衝突事故
UK Health and Safety Commission. (2000). The Ladbroke Grove Rail Inquiry.

イグナス・ホーゲ
イグナス・ホーゲには、可視性と顕著性についてあらゆることを教わり、感謝している。また彼は、自分が受けもつユトレヒト大学の心理学講義から、わたしが多くの実例を使用することを快く許可してくれた。

消防車の可視性と顕著性
Solomon, S. S., & King, J. G. (1997). Fire truck visibility. *Ergonomics in Design*, 5(2), 4–10.

第三のブレーキランプの成功
Kahane, C. J. (1998). The long-term effectiveness of center high mounted stop lamps in passenger cars and light trucks. *NHTSA Technical Report Number DOT HS*, 808, 696.

「the dress」と色の恒常性
Lafer-Sousa, R., Hermann, K. L., & Conway, B. R. (2015). Striking individual differences in color perception uncovered by “the dress” photograph. *Current Biology*, 25, R1–R2.

クリアビュー書体
Garvey, P. M., Pietrucha, M. T., & Meeker, D. (1997). Effects of font and

capitalization on legibility of guide signs. *Transportation Research Record,* 1605, 73–79.

黄斑変性症

Van der Stigchel, S., Bethlehem, R. A. I., Klein, B. P., Berendschot, T. T. J. M., Nijboer, T. C. W., & Dumoulin, S. O. (2013). Macular degeneration affects eye movement behaviour during visual search. *Frontiers in Perception Science,* 4, 579.

黄斑変性症患者の読み能力

Falkenberg, H. K., Rubin, G. S., & Bex, P. J. (2006). Acuity, crowding, reading and fixation stability. *Vision Research,* 47(1), 126–135.

プリズム眼鏡

Verezen, Anton. Eccentric viewing spectacles. Thesis, Radboud University, Nijmegen.

視力検査の義務化

ヤン・テーウェスは、視力検査の義務づけについて説得力のある記事をオランダの新聞に寄稿し、そのような視力検査で恩恵を得られるのは検眼士だけだと主張した。

感覚と知覚に関する一般的な情報

Wolfe, J. M., Kluender, K. R., Levi, D. M., Bartoshuk, L. M., Herz, R. S., Klatzky, R., et al. (2015). *Sensation & Perception.* Sunderland, MA: Sinauer Associates.

ユトレヒト大学の心理学士課程の「感覚と知覚」講座では、盲点、網膜の生理学、「組み立て用ブロック」の処理を担う脳の領域といったテーマについて、一般的な参考資料として上記の本を利用している。

第3章

公的な検査におけるX線の感度

Setz-Pels, Wikke. Improving screening mammography in the south of the Netherlands: Using an extended data collection on diagnostic procedures and outcome parameters. Thesis, Erasmus University, Rotterdam.

放射線科医と、見えないゴリラ

Drew, T., Vo, M. L.-H., & Wolfe, J. M. (2013). The invisible gorilla strikes again: Sustained inattentional blindness in expert observers. *Psychological Science,* 24(9), 1848–1853.

複数回のスキャンを経ても見落とされるガイドワイヤー

Lum, T. E., Fairbanks, R. J., Pennington, E. C., & Zwemer, F. L. (2005). Profiles in patient safety: Misplaced femoral line guidewire and multiple failures to detect the foreign body on chest radiography. *Academic Emergency Medicine,* 12(7), 658–662.

反復点検型と集中点検型の違い

Drew, T., Vo, M. L.-H., Olwal, A., Jacobsen, F., Seltzer, S. E., & Wolfe, J. M. (2013). Scanners and drillers: Characterizing expert visual search through volumetric images. *Journal of Vision,* 13(10), 3.

セキュリティチェック担当者の検査方法

Biggs, A. T., Cain, M. S., Clark, K., Darling, E. F., & Mitroff, S. R. (2013). Assessing visual search performance differences between Transportation Security Administration Officers and nonprofessional visual searchers. *Visual Cognition,* 21(3), 330–352.

Wolfe, J. M., Brunelli, D. N., Rubinstein, J., & Horowitz, T. S. (2013). Prevalence effects in newly trained airport checkpoint screeners: Trained observers miss rare targets, too. *Journal of Vision,* 13(3), 33.

Mitroff, S. R., Biggs, A. T., Adamo, S. H., Wu Dowd, E., Winkle, J., & Clark, K. (2014). What can 1 billion trials tell us about visual search? *Journal of Experimental Psychology: Human Perception and Performance,* 41(1), 1–5.

組み立て用ブロックの接着剤としての注意

Treisman, A. M., & Gelade, G. (1980). A feature-integration theory of attention. *Cognitive Psychology,* 12, 97–136.

不適切に結びつけられた視覚対象

Treisman, A., & Schmidt, H. (1982). Illusory conjunctions in the perception of objects. *Cognitive Psychology,* 14, 107–141.

Friedman-Hill, S. R., Robertson, L. C., & Treisman, A. (1995). Parietal contributions to visual feature binding: Evidence from a patient with bilateral lesions. *Science,* 269, 853–855.

有効視野

Ball, K., Berch, D. B., Helmers, K. F., Jobe, J. B., & Leveck, M. D. (2002). Effects of cognitive training interventions with older adults: A randomized controlled trial. *Journal of the American Medical Association,* 288(18), 2271–2281.

不注意盲

Mack, A., & Rock, I. (1998). *Inattentional blindness.* Cambridge, MA: MIT Press.

ヘッドアップディスプレイ装着時のパイロットの不注意盲

Haines, R. F. (1989). A breakdown in simultaneous information processing. In G. Obrecht & L. W. Stark (Eds.), *Presbyopia research: From molecular biology to visual adaptation* (pp. 171–175). New York, NY: Plenum Press.

変化盲

O'Regan, J. K., Rensink, R. A., & Clark, J. J. (1999). Change-blindness as a result of "mudsplashes." *Nature,* 398(6722), 34.

目撃証言における変化盲

Nelson, K. J., Laney, C., Bowman Fowler, N., Knowles, E. D., Davis, D., & Loftus, E. F. (2011). Change blindness can cause mistaken eyewitness identification. *Legal and Criminological Psychology,* 16, 62–74.

映画における変化盲

Smith, T. J., & Henderson, J. M. (2008). Edit blindness: The relationship between attention and global change blindness in dynamic scenes. *Journal of Eye Movement Research,* 2(2), 6.

第4章

ポップアウト

Itti, L., & Koch, C. (2001). Computational modelling of visual attention. *Nature Reviews. Neuroscience,* 2(3), 194–203.

自動的な注意捕捉

Theeuwes, J. (1992). Perceptual selectivity for color and form. *Perception & Psychophysics,* 51, 599–606.

コックピット内での自動的な注意捕捉

Nikolic, M. I., Orr, J. M., & Sarter, N. B. (2004). Why pilots miss the green box: How display context undermines attention capture. *International Journal of Aviation Psychology,* 14(1), 39–52.

顔による自動的な注意捕捉

Langton, S. R. H., Law, A. S., Burton, A. M., & Schweinberger, S. R. (2008). Attention capture by faces. *Cognition,* 107(1), 330–342.

蜘蛛による自動的な注意捕捉

Lipp, O. V., & Waters, A. M. (2007). When danger lurks in the background: Attentional capture by animal fear-relevant distractors is specific and selectively enhanced by animal fear. *Emotion,* 7(1), 192–200.

苦痛を伴う対象による自動的な注意捕捉

Schmidt, L. J., Belopolsky, A., & Theeuwes, J. (2015). Attentional capture by signals of threat. *Cognition and Emotion,* 29(4), 687–694.

Mulckhuyse, M., Crombez, G., & Van der Stigchel, S. (2013). Conditioned fear modulates visual selection. *Emotion,* 13(3), 529–536.

自分の顔からの注意解放

Devue, C., Van der Stigchel, S., Brédart, S., & Theeuwes, J. (2009). You do not find your own face faster; you just look at it longer. *Cognition,* 111(1), 114–122.

特定の特徴を備えた対象の選択的探索

Egeth, H., Virzi, R. A., & Garbart, H. (1984). Searching for conjunctively defined targets. *Journal of Experimental Psychology: Human Perception and Performance,* 10, 32–39.

自動的・随意的な注意のシフト

Posner, M. I., & Cohen, Y. (1984). Components of visual orienting. In H. Bouma & D. G. Bouwhuis (Eds.), *Attention and performance X: Control of language processes,* 531–556. Hillsdale, NJ: Lawrence Erlbaum Associates.

顔の手がかりによる注意のシフト

顔の手がかりが本当に自動的な注意のシフトを促すかどうかは、どうすればわかるだろうか。これを証明するための実験的操作は、最良かつ見事なものだった。実験では、目標刺激の出現位置を示唆する顔の手がかりの妥当性は50％ではなく、わずか25％に設定された。つまり、ほとんどの場合、顔が指し示すのは対象とは逆の方向なので、実験参加者は顔が指し示す方向に注意を向けなくてもよいはずだ。それなのに参加者は、顔の手がかりに抵抗して逆のほうを見るということがどうしてもできない。間違った方向に誘導する顔が現れた直後に目標刺激が提示される場合、やはり参加者の注意は顔が向いているほうにシフトする。顔の出現と目標刺激の出現との間に長めの時間的間隔がある場合のみ、顔が向いていない側によりすばやく注意が向くことがありうる。

Driver, J., Davis, G., Ricciardelli, P., Kidd, P., Maxwell, E., & Baron-Cohen, S. (1999). Gaze perception triggers reflexive visuospatial orienting. *Visual Cognition,* 6(5), 509–540.

Friesen, C. K., Ristic, J., & Kingstone, A. (2004). Attentional effects of counterpredictive gaze and arrow cues. *Journal of Experimental Psychology: Human Perception and Performance,* 30, 319–329.

自閉症の子どもに見られる顔の手がかりの結果としての注意のシフト

Senju, A., Tojo, Y., Dairoku, H., & Hasegawa, T. (2004). Reflexive orienting in response to eye gaze and an arrow in children with and without autism. *Journal of Child Psychology and Psychiatry, and Allied Disciplines,* 45(3), 445–458.

Frischen, A., Bayliss, A. P., & Tipper, S. P. (2007). Gaze cueing of attention: Visual attention, social cognition, and individual differences. *Psychological Bulletin,* 133(4), 694–724.

顔の手がかりにおける感情の影響

Terburg, D., Aarts, H., Putman, P., & Van Honk, J. (2012). In the eye of the beholder: Reduced threat-bias and increased gaze-imitation towards reward in relation to trait anger. *PLoS One,* 7(2), e31373.

政治志向が顔の手がかりの効果に与える影響

Dodd, M. D., Hibbing, J. R., & Smith, K. B. (2011). The politics of attention: Gazecueing effects are moderated by political temperament. *Attention, Perception & Psychophysics,* 73(1), 24–29.

数字による注意のシフト

Dodd, M. D., Van der Stigchel, S., Leghari, M. A., Fung, G., & Kingstone, A. (2008). Attentional SNARC: There's something special about numbers (let us count the ways). *Cognition,* 108(3), 810–818.

矢印による注意のシフト

Hommel, B., Pratt, J., Colzato, L., & Godijn, R. (2001). Symbolic control of visual attention. *Psychological Science,* 12(5), 360–365.

取得した手がかりによる注意のシフト

Dodd, M. D., & Wilson, D. (2009). Training attention: Interactions between central cues and reflexive attention. *Visual Cognition,* 17(5), 736–754.

第5章

眼球運動時の視覚世界の安定性

Cavanagh, P., Hunt, A. R., Afraz, A., & Rolfs, M. (2010). Visual stability based on remapping of attention pointers. *Trends in Cognitive Sciences,* 14(4), 147–153.

Burr, D., & Morrone, M. C. (2011). Spatiotopic coding and remapping in humans. *Philosophical Transactions of the Royal Society of London. Series B, Biological Sciences,* 366, 504–515.

眼球運動時の次なる対象物の特定を司る脳の領域

Duhamel, J.-R., Colby, C. L., & Goldberg, M. E. (1992). The updating of the representation of visual space in parietal cortex by intended eye movements. *Science,* 255, 90–92.

Walker, M. F., Fitzgibbon, E. J., & Goldberg, M. E. (1995). Neurons in the monkey superior colliculus predict the visual result of impending saccadic eye movements. *Journal of Neurophysiology,* 73(5), 1988–2003.

アンチサッケード課題

Everling, S., & Fischer, B. (1998). The antisaccade: A review of basic research and clinical studies. *Neuropsychologia,* 36(9), 885–899.

前頭葉の損傷がアンチサッケード課題に与える影響

Pierrot-Deseilligny, C., Muri, R. M., Ploner, C. J., Gaymard, B. M., Demeret, S., & Rivaud-Pechoux, S. (2003). Decisional role of the dorsolateral prefrontal cortex in ocular motor behaviour. *Brain,* 126(6), 1460–1473.

アンチサッケード課題とADHD

Munoz, D. P., Armstrong, I. T., Hampton, K. A., & Moore, K. D. (2003). Altered control of visual fixation and saccadic eye movements in attention-deficit hyperactivity disorder. *Journal of Neurophysiology,* 90, 503–514.

Rommelse, N. N. J., Van der Stigchel, S., & Sergeant, J. A. (2008). A review on eye movement studies in childhood and adolescent psychiatry. *Brain and Cognition,* 68(3), 391–414.

アンチサッケード課題における訓練の効果

Dyckman, K. A., & McDowell, J. E. (2005). Behavioral plasticity of antisaccade performance following daily practice. *Experimental Brain Research,* 162(1), 63–69.

アンチサッケード課題におけるプロスポーツ選手の反応

Lenoir, M., Crevits, L., Goethals, M., Wildenbeest, J., & Musch, E. (2000). Are better eye movements an advantage in ball games? A study of prosaccadic and antisaccadic eye movements. *Perceptual and Motor Skills,* 91, 546–552.

明るい気持ちがアンチサッケード課題に与える影響

Van der Stigchel, S., Imants, P., & Ridderinkhof, K. R. (2011). Positive affect increases cognitive control in the antisaccade task. *Brain and Cognition,* 75(2), 177–181.

アンチサッケード課題と統合失調症

Sereno, A. B., & Holzman, P. S. (1995). Antisaccades and smooth pursuit eye movements in schizophrenia. *Biological Psychiatry,* 37, 394–401.

注意と眼球運動の関係

Rizzolatti, G., Riggio, L., Dascola, I., & Umilta, C. (1987). Reorienting attention across the horizontal and vertical meridians: Evidence in favor of a premotor theory of attention. *Neuropsychologia,* 25, 31–40.

Van der Stigchel, S., & Theeuwes, J. (2007). The relationship between covert and overt attention in endogenous cueing. *Perception & Psychophysics,* 69(5), 719–731.

バナーブラインドネス

Benway, J. P. (1998). Banner blindness: The irony of attention grabbing on the World Wide Web. *Proceedings of the Human Factors and Ergonomics Society Annual Meeting,* 42(5), 463–467.

熟達者の眼球運動を研究することの有用性

Lichfield, D., Ball, L. J., Donovan, T., Manning, D. J., & Crawford, T. (2010). Viewing another person's eye movements improves identification of pulmonary nodules in chest x-ray inspection. *Journal of Experimental Psychology. Applied,* 16, 251–262.

Mackenzie, A., & Harris, J. (2015). Using experts' eye movements to influence scanning behaviour in novice drivers. *Journal of Vision,* 15, 367.

緻密な視線誘導

Sridharan, S., Bailey, R., McNamara, A., & Grimm, C. (2012). Subtle gaze manipulation for improved mammography training. In *Proceedings of the ACM SIGGRAPH Symposium on Applied Perception in Graphics and Visualization,* 75–82.

眼球運動に基づいた臨床群の分類

Tseng, P.-H., Cameron, I. G. M., Pari, G., Reynolds, J. N., Munoz, D. P., & Itti, L. (2012). High-throughput classification of clinical populations from natural viewing eye movements. *Journal of Neurology,* 260, 275–284.

第6章

非常駐車帯に止まった警察車両の見落とし

Langham, M., Hole, G., Edwards, J., & O'Neill, C. (2002). An analysis of "looked but failed to see" accidents involving parked police vehicles. *Ergonomics,* 45, 167–185.

路上での自転車の見落とし

Theeuwes, J., & Hagenzieker, M. P. (1993). Visual search of traffic scenes: On the effect of location expectations. In A. Gale (Ed.), *Vision in vehicle IV,* 149–158. Amsterdam: Elsevier.

探索時の文脈手がかり提示

Chun, M. M. (2000). Contextual cueing of visual attention. *Trends in*

Cognitive Sciences, 4(5), 170–178.

眼球運動と文脈手がかり提示

Peterson, M. S., & Kramer, A. F. (2001). Attentional guidance of the eyes by contextual information and abrupt onsets. *Perception & Psychophysics,* 63(7), 1239–1249.

文脈手がかり提示の能力

Jiang, Y., Song, J.-H., & Rigas, A. (2005). High-capacity spatial contextual memory. *Psychonomic Bulletin & Review,* 12(3), 524–529.

長期記憶が注意に与える影響

Summerfield, J. J., Lepsien, J., Gitelman, D. R., Mesulam, M. M., & Nobre, A. C. (2006). Orienting attention based on long-term memory experience. *Neuron,* 49, 905–916.

パーキンソン病およびコルサコフ症候群患者における文脈手がかり提示

Van Asselen, M., Almeida, I., Andre, R., Januario, C., Freire Goncalves, A., & Castelo-Branco, M. (2009). The role of the basal ganglia in implicit contextual learning: A study of Parkinson's disease. *Neuropsychologia,* 47, 1269–1273.

Oudman, E., Van der Stigchel, S., Wester, A. J., Kessels, R. P. C., & Postma, A. (2011). Intact memory for implicit contextual information in Korsakoff's amnesia. *Neuropsychologia,* 49, 2848–2855.

コルサコフ症候群の患者が洗濯機の操作を習得する方法

Oudman, E., Nijboer, T. C. W., Postma, A., Wijnia, J., Kerklaan, S., Lindsen, K., et al. (2013). Acquisition of an instrumental activity of daily living in patients with Korsakoff's syndrome: A comparison of trial and error and errorless learning. *Neuropsychological Rehabilitation,* 23(6), 888–913.

無意識的記憶の容量と頑健性

Lewicki, P., Hill, T., & Bizot, E. (1988). Acquisition of procedural knowledge about a pattern of stimuli that cannot be articulated. *Cognitive Psychology,* 20, 24–37.

Reber, A. S. (1989). Implicit learning and tacit knowledge. *Journal of Experimental Psychology. General,* 118, 219–235.

視覚探索における連合の影響

Olivers, C. N. L. (2011). Long-term visual associations affect attentional guidance. *Acta Psychologica,* 137, 243–247.

反応時間に対するプライミングの効果

Kristjánsson, Á., & Campana, G. (2010). Where perception meets memory: A review of repetition priming in visual search tasks. *Attention, Perception & Psychophysics,* 72, 5–18.

Meeter, M., & Van der Stigchel, S. (2013). Visual priming through a boost of the target signal: Evidence from saccadic landing positions. *Attention, Perception & Psychophysics,* 75, 1336–1341.

負のプライミング

Mayr, S., & Buchner, A. (2007). Negative priming as a memory phenomenon—A review of 20 years of negative priming research. *Zeitschrift für Psychologie/Journal of Psychology,* 215, 35–51.

報酬が視覚的注意に与える自動的な影響

Anderson, B. A., Laurent, P. A., & Yantis, S. (2011). Value-driven attentional capture. *Proceedings of the National Academy of Sciences of the United States of America,* 108(25), 10367–10371.

クリス・オリバーズ教授の講義から引用した「新しい情報に対す

る報酬」の考え方

Olivers, C. (2014). iJunkie: Attractions and distractions in human information processing. VU University, Amsterdam.

新しい情報が報酬系に与える影響

Biederman, I., & Vessel, E. A. (2006). Perceptual pleasure and the brain. *American Scientist,* 94, 249–255.

マジシャンの科学

Macknik, S. L., King, M., Randi, J., Robbins, A., Teller, Thompson, J., & Martinez-Conde, S. (2008). Attention and awareness in stage magic: Turning tricks into research. *Nature Reviews Neuroscience,* 9, 871–879.

Kuhn, G., & Land, M. F. (2006). There's more to magic than meets the eye. *Current Biology,* 16(22), R950–R951.

知覚学習

Gibson, E. J. (1988a). Exploratory behavior in the development of perceiving, acting, and the acquiring of knowledge. *Annual Review of Psychology,* 39, 1–41.

Fahle, M. (2005). Perceptual learning: Specificity versus generalization. *Current Opinion in Neurobiology,* 15(2), 154–160.

野球選手における知覚学習の影響

Deveau, J., Ozer, D. J., & Seitz, A. R. (2014). Improved vision and on-field performance in baseball through perceptual learning. *Current Biology,* 24(4), R146–R147.

セバスティアン・マトーは、上記の研究について自らのブログで論じている（http://www.cogsci.nl/blog/miscellaneous/226-can-you-brain-train-your-way-to-perfect-eyesight）。ストロボグラスについての記事は、2015年8月29日の『デ・フォルクスクラント』紙に掲載された。

医療現場での知覚学習

Guerlain, S., Brook Green, K., LaFollette, M., Mersch, T. C., Mitchell, B. A., Reed Poole, G., et al. (2004). Improving surgical pattern recognition through repetitive viewing of video clips. *IEEE Transactions on Systems, Man, and Cybernetics,* 34(6), 699–707.

第7章

半側空間無視に関するさらに詳しい情報

Driver, J., & Mattingley, J. B. (1998). Parietal neglect and visual awareness. *Nature Neuroscience,* 1(1), 17–22.

半側空間無視の患者の時計の描き方

Di Pellegrino, G. (1995). Clock-drawing in a case of left visuospatial neglect: A deficit of disengagement. *Neuropsychologia,* 33(3), 353–358.

半側空間無視の患者の眼球運動

Behrmann, M., Watt, S., Black, S. E., & Barton, J. J. S. (1997). Impaired visual search in patients with unilateral neglect: An oculographic analysis. *Neuropsychologia,* 35(11), 1445–1458.

Van der Stigchel, S., & Nijboer, T. C. W. (2010). The imbalance of oculomotor capture in unilateral visual neglect. *Consciousness and Cognition,* 19(1), 186–197.

遠い空間と近い空間における半側空間無視

Van der Stoep, N., Visser-Meily, A., Kappelle, L. J., De Kort, P. L. M., Huisman, K. D., Eijsackers, A. L. H., et al. (2013). Exploring near and far regions of space: Distancespecific visuospatial neglect after stroke. *Journal of Clinical and Experimental Neuropsychology,* 35(8), 799–811.

心に浮かぶイメージに対する半側空間無視

Guariglia, C., Padovani, A., Pantano, P., & Pizzamiglio, L. (1993). Unilateral neglect restricted to visual imagery. *Nature*, 364, 235–237.

Nys, G. M., Nijboer, T. C. W., & De Haan, E. H. (2008). Incomplete ipsilesional hallucinations in a patient with neglect. *Cortex*, 44, 350–352.

慢性期の患者に認められる軽度の半側空間無視

Bonato, M., & Deouell, L. Y. (2013). Hemispatial neglect: Computer-based testing allows more sensitive quantification of attentional disorders and recovery and might lead to better evaluation of rehabilitation. *Frontiers in Human Neuroscience*, 7, 162.

半側空間無視と皮質盲の違い

Walker, R., Findlay, J. M., Young, A. W., & Welch, J. (1991). Disentangling neglect and hemianopia. *Neuropsychologia*, 29(10), 1019–1027.

皮質盲に対する訓練の効果

Bergsma, D. P., & Van der Wildt, G. J. (2010). Visual training of cerebral blindness patients gradually enlarges the visual field. *British Journal of Ophthalmology*, 94, 88–96.

Sabel, B. A., & Kasten, E. (2000). Restoration of vision by training of residual functions. *Current Opinion in Ophthalmology*, 11, 430–436.

半側空間無視の患者に見られるプリズム順応の効果

Nijboer, T. C. W., Nys, G. M. S., Van der Smagt, M., Van der Stigchel, S., & Dijkerman, H. C. (2011). Repetitive long-term prism adaptation permanently improves the detection of contralesional visual stimuli in a patient with chronic neglect. *Cortex*, 47(6), 734–740.

Nijboer, T. C. W., Olthoff, L., Van der Stigchel, S., & Visser-Meily, A. (2014). Prism adaptation improves postural imbalance in neglect patients. *Neuroreport,* 25(5), 307–311.

「見えない」視覚情報が皮質盲の患者に与える影響

Van der Stigchel, S., Van Zoest, W., Theeuwes, J., & Barton, J. J. S. (2008). The influence of "blind" distractors on eye movement trajectories in visual hemifield defects. *Journal of Cognitive Neuroscience,* 20(11), 2025–2036.

Ten Brink, T., Nijboer, T. C. W., Bergsma, D. P., Barton, J. J. S., & Van der Stigchel, S. (2015). Lack of multisensory integration in hemianopia: No influence of visual stimuli on aurally guided saccades to the blind hemifield. *PLoS One,* 10(4), e0122054.

さまざまな種類の盲視

Weiskrantz, L. (1986). *Blindsight: A case study and implications.* Oxford: Oxford University Press.

注意の瞬き

Raymond, J. E., Shapiro, K. L., & Arnell, K. M. (1992). Temporary suppression of visual processing in an RSVP task: An attentional blink? *Journal of Experimental Psychology: Human Perception and Performance,* 18, 849–860.

Olivers, C. N. L., Van der Stigchel, S., & Hulleman, J. (2007). Spreading the sparing: Against a limited-capacity account of the attentional blink. *Psychological Research,* 71(2), 126–139.

感情語が注意の瞬きに与える影響

Anderson, A. K., & Phelps, E. A. (2001). Lesions of the human amygdala impair enhanced perception of emotionally salient events. *Nature,* 411, 305–309.

瞑想が注意の瞬きに与える影響

Slagter, H. A., Lutz, A., Greischar, L. L., Francis, A. D., Nieuwenhuis, S., Davis, J. M., et al. (2007). Mental training affects distribution of limited brain resources. *PLoS Biology,* 5(6), e138.

無関係な思考と音楽が注意の瞬きに与える影響

Olivers, C. N. L., & Nieuwenhuis, S. (2005). The beneficial effect of concurrent task-irrelevant mental activity on temporal attention. *Psychological Science,* 16(4), 265–269.

注意の瞬きにおける個人差

Martens, S., Munneke, J., Smid, H., & Johnson, A. (2006). Quick minds don't blink: Electrophysiological correlates of individual differences in attentional selection. *Journal of Cognitive Neuroscience,* 18(9), 1423–1438.

MacLean, M. H., & Arnell, K. M. (2010). Personality predicts temporal attention costs in the attentional blink paradigm. *Psychonomic Bulletin & Review,* 17(4), 556–562.

炭酸飲料の選択における無意識的な情報の役割

Karremans, J. C., Stroebe, W., & Claus, J. (2006). Beyond Vicary's fantasies: The impact of subliminal priming and brand choice. *Journal of Experimental Social Psychology,* 42(6), 792–798.

抑制された画像における性的選好の役割

Jiang, Y., Costello, P., Fang, F., Huang, M., & He, S. (2006). A gender- and sexual orientation-dependent spatial attentional effect of invisible images. *Proceedings of the National Academy of Sciences of the United States of America,* 103, 17048–17052.

ワーキングメモリと視覚的意識の相互作用

Gayet, S., Paffen, C. L. E., & Van der Stigchel, S. (2013). Information matching the content of visual working memory is prioritized for conscious access. *Psychological Science,* 24(12), 2472–2480.

Gayet, S., Van der Stigchel, S., & Paffen, C. L. E. (2014). Breaking continuous flash suppression: Competing for consciousness on the pre-semantic battlefield. *Frontiers in Psychology,* 5(460), 1–10.

炎上する家の絵が半側空間無視の患者に与える影響

Marshall, J. C., & Halligan, P. W. (1988). Blindsight and insight in visuo-spatial neglect. *Nature,* 336(2), 766–767.

無視された視野における情報の処理

McGlinchey-Berroth, R., Milberg, W. P., Verfaellie, M., Alexander, M., & Kilduff, P. (1993). Semantic priming in the neglected field: Evidence from a lexical decision task. *Cognitive Neuropsychology,* 10, 79–108.

著者　**ステファン・ファン・デル・スティッヘル**（Stefan Van der Stigchel）
オランダ・ユトレヒト大学実験心理学部認知心理学教授。臨床現場で注意と視覚認知を研究するグループ「アテンションラボ」主任研究員。これまでに発表した実験心理学の科学論文は１２０編を超え、講演やメディア出演も多数。

監訳者　**清水寛之**（しみず・ひろゆき）
神戸学院大学心理学部教授。博士（文学）。公認心理師。１９５９年生まれ。大阪市立大学大学院文学研究科後期博士課程単位取得退学。著書に『記憶におけるリハーサルの機能に関する実験的研究』（風間書房）、『メタ記憶』（編著、北大路書房）など。監訳・訳書に『図鑑 心理学』（ニュートンプレス）がある。

監訳者　**井上智義**（いのうえ・ともよし）
同志社大学名誉教授。京都大学博士（教育学）。１９５４年生まれ。京都大学教育学研究科後期博士課程中途退学。著書に『人間の情報処理における聴覚言語イメージの果たす役割』（北大路書房）、『福祉の心理学』（サイエンス社）など。監訳・訳書に『図鑑 心理学』（ニュートンプレス）がある。

訳者　**藤井良江**（ふじい・よしえ）
神戸女学院大学文学部卒業。訳書に『変わり者でいこう　あるアスペルガー者の冒険』（東京書籍）、『世界を変えるエリートは何をどう学んできたのか？』『「運命」と「選択」の科学』（日本実業出版社）、『「うつ」は炎症で起きる』（草思社）など、共訳書に『３・11 震災は日本を変えたのか』（英治出版）がある。

知覚と注意の心理学

二〇二三年四月二十日発行

著者　ステファン・ファン・デル・スティッヘル
監訳者　清水寛之、井上智義
訳者　藤井良江
翻訳協力　株式会社トランネット
http://www.trannet.co.jp/
編集協力　松川琢哉
編集　道地恵介
表紙デザイン　株式会社 ライラック
発行者　高森康雄
発行所　株式会社 ニュートンプレス
〒一一二-〇〇一二
東京都文京区大塚 三-十一-六
https://www.newtonpress.co.jp

ISBN　978-4-315-52686-8
カバー、表紙画像：kazy/stock.adobe.com

本書は2021年当社発行『注意を操る心理学　気が散ることだらけの現代で自分を保つには』をニュートン新書として発行したものです。